東華禪 萬行

대유불교시리즈 【15】 동화선 - 부처가 되는 길

- **초판 발행** 2024년 10월 7일
- **저자** 만행스님(석만행)
- **번역** 혜음 심광 화장
- **편집** 이연실 윤여진
- **발행인** 윤상철   **발행처** 대유학당 since1993
- **출판등록** 2002년 4월 17일 제305-2002-000028호
- **주소** 서울 성동구 아차산로 17길 48 skv1 센터 1동 814호
- **전화** 02-2249-5630 010-9727-5630
- **블로그** http://blog.naver.com/daeyoudang
- **유튜브** 대유학당 TV
- **ISBN** 978-89-6369-159-6 03220
- **정가** **15,000**원

동화선

양정당에서 동화선에 대해서 법문하시는 만행큰스님

万行法师

万行法师，1971年出生于湖北；15岁虔诚信佛；18岁出家，同年入闽南佛学院学修；22岁毕业后，历经七年三次闭关，证悟生命本源；此后二十多年一直致力于建寺安僧，弘法利生。

30岁复建东华禅寺，现为广东省东华禅寺方丈。

40岁创立了适合现代人修学的"东华禅"——以人为本，借事炼心；觉悟人生，奉献人生；将信仰落实于生活，将修行落实于当下，将佛法融入世间，将个人融入大众；在工作中修行，在修行中工作；在尽责中修福报，在觉照中修智慧，在奉献中修解脱。目的是落实佛教人间化，开创人间净土，成就人间菩萨。虚空有尽，行愿无穷。

通过学修"东华禅"的思想与精神，融合人生四大关系：我与家庭的关系，我与社会的关系，我与国家的关系，我与自然的关系。

法师出家三十余年，在全国各地讲法过万场。从2001年至今出版了十余部著作，这些著作是其"东华禅"思想的集中体现，包含了真修实证、身心成长、生命圆满等方面的内容，如今已翻译成多国语言并在海内外发行，受益者无数。

만행큰스님은

1971년 중국 호북성에서 태어났다. 15세에 부처님에 대한 깊은 신앙을 가지게 되었고, 18세에 출가하였으며, 같은 해에 민남불교대학에 입학하여 불교 공부를 하였다. 22세에 졸업한 후, 7년 동안 세 차례의 폐관수련을 성공하면서 생명의 근원을 깨달았다.

30세에는 동화선사를 중건하기 시작하여, 20여 년 동안 스님들의 수행터를 만들고 불법을 전파하며 중생을 널리 이롭게 하는 데 힘써 왔으며, 지금은 중국 광동성 동화선사 방장을 맡고 있다.

만행큰스님은 40세에 현대인들의 수행에 적합한 동화선(東華禪)을 창립하였다. 동화선은 "사람을 근본으로 하고 일을 통해 마음을 닦으며, 인생을 깨닫고 인생을 봉사하며, 생활 속에서 신앙을 실천하고 생활하면서 수행을 실천하며, 불법을 인간세상에서 펼치고 개인은 대중과 화합하여 하나가 되며, 일하는 가운데서 수행하고 수행하면서 일하며, 사람으로서 책임을 다하면서 복을 쌓으며, 각조 속에서 지혜를 닦고 봉사하면서 해탈을 한다."를 제창한다. "허공은 끝이 있지만, 행원은 끝이 없다."고도 하였다.

또 동화선을 배우는 목적을 "불교의 인간 세상화를 실천하고, 인간세상에서의 정토를 열고 인간으로 살면서 부처가되고 보살이 되는 것"에 둔다.

아울러 "동화선의 사상과 정신을 배우면서, 인생의 4대관계 즉 나와 가정과의 관계, 나와 사회의 관계, 나와 나라의 관계. 나와 자연과의 관계를 화합할 것"을 강조하였다.

만행큰스님께서 출가한지 30여 년간 중국 각지에서 만여 차례 강좌를 하였으며 2001년부터 지금까지 10여 권의 책을 출간하였다. 이 책들은 만행큰스님의 '동화선사상'을 집약한 것으로, 부처가 되려고 수행하면서 겪는 과정과 그 과정에서 몸과 마음이 성장하고, 생명을 원만하게 다스리는 내용이 담겨 있다. 지금은 세계 각국의 언어로 번역되어서, 많은 사람들이 이 책의 내용에 도움을 받고 있다.

목차

1장. 동화선은 무엇인가? ················· 9
  1. 동화선의 목적 ······················ 10
  2. 동화선 수련방법 ··················· 42
  3. 동화선 심법 ························ 56
  4. 동화선 요약 ························ 78

2장. 좌선에서 지켜야 할 세 가지 ········ 85
  1. 자세조절 ···························· 86
  2. 호흡을 조절한다 ··················· 98
  3. 의식을 조절한다 ·················· 104

3장. 입정·주정·출정의 비결 ············ 121
  1. 입정의 4단계 ······················ 122
  2. 소입정과 대입정 ·················· 140

4장. 3자명 수련 ········· 157

    1. 삼자명의 뜻 ········· 158

    2. 3자명 수련방법 ········· 180

    3. 3자명의 효능 ········· 190

5장. 시행착오를 피하는 네 가지 수련법 ········· 197

    1. 후천의 기를 분발시키는 비결 ········· 198

    2. 염불로 우주와 하나 되는 비결 ········· 210

6장. 동화선 정공(좌선공부) ········· 223

    1. 동화선 좌선공부 ········· 224

    2. 좌선공부(정공)하며 생기는 문제 ········· 246

7장. 동화선 동공 ········· 253

    1. 동화선 동공구결 ········· 254

    2. 동공의 자세와 효용 ········· 256

    3. 자주 묻는 질문 ········· 264

1장. 何谓东华禅

"东华禅"源于释迦牟尼佛的思想——以人为本,众生平等;以做人为基础,以成佛为目标。

1장 동화선은 무엇인가?

동화선은 석가모니부처님의 "사람을 근본으로 하고, 모든 생명체의 덕과 지혜가 평등하다."는 사상에서 유래하였다. 즉 사람으로서의 사회생활을 하면서 성불하는 것을 목표로 하는 것이다.

1. 동화선의 목적

1) 사회생활을 하면서 성불하는 것이 목표

　为何东华禅提倡以人为本、众生平等呢？因为这原本就是释迦牟尼佛的思想。释迦牟尼佛在菩提树下悟道后说："一切众生皆具如来智慧德相……"所谓"如来智慧德相"就是佛性，佛性是平等的，众生自然是平等的。

　为何必须把人排在第一位，以人为本呢？因为人是物质世界进化链上的最高端，是万物灵长，是万物的主宰者、管理者和维护者，物质世界的一切都是围绕着人的生存、进化而设置、而开展。

1. 동화선의 목적

1) 사회생활을 하면서 성불하는 것이 목표

 동화선이 '사람이 중심이고, 모든 생명체는 평등하다(以人爲本, 衆生平等)'를 강조한 이유는 무엇인가? 이것은 원래 석가모니부처님의 말씀이다. 석가모니부처님께서 보리수나무 밑에서 득도하신 뒤에 "모든 생명체는 여래의 지혜와 덕을 갖추고 있다(一切衆生 皆具如來智惠德相)"고 말씀하신 것이다. '여래의 지혜와 덕'은 '불성'을 의미하고, 부처님의 이 말씀은 모든 생명체에 불성이 평등하게 있다는 말이니, 모든 중생은 자연히 평등한 것이다.

 왜 사람을 근본으로 하고 최우선으로 해야 하는가? 즉 '인본주의'를 지향해야 하는가? 인간은 저연의 진화과정에서 최고의 단계에 있으며, 모든 생물 중에서 가장 고등한 존재이다. 당연히 만물의 주인, 관리자, 유지자로서의 역할을 하기 때문에, 물질세계의 모든 것은 인간의 생존과 진화를 중심으로 설정되고 전개되어 나가는 것이다.

2) 각지공부가 충분해야 각조공부를 할 수 있다

"东华禅"源于祖师禅的手法——不怕妄念起,只怕觉知迟。在行住坐卧中培养觉知,运用觉知,成为觉知。

这里用的是觉知,为何不用觉照呢?要明白其中的道理,首先得明白觉知与觉照的区别。其实觉照二字早已不是一个新鲜的词语,在祖师禅里,这是一个核心的话题,因为祖师禅用功的核心手法就是觉照。下面我就谈一谈何为觉知,何为觉照,以及觉知与觉照之间的关系和区别。

觉知包括"觉"与"知"。"觉"又分对内与对外,对内是一个回光返照,观察、觉察自己的言行举止、起心动念,也即身、口、意造作的过程;对外则是接触、触碰、感触外界事物的过程。虽说是过程,但只是在刹那间。而"知"是感觉、觉察、收受的结果。

譬如触电时,"觉"是接触的过程,而"知"是麻痹、疼痛的反应。我们的眼、耳、鼻、舌、身、意这六识感官都是"觉"的感知器官。

而觉照的"照"是照顾、降伏、掌控、主宰的意思。我们可以把觉照理解为一个人时时刻刻处于警觉的状态,

2) 각지공부가 충분해야 각조공부를 할 수 있다

동화선은 조사선의 방법에서 유래되었다. 망념이 일어나는 것은 괜찮지만, 망념을 늦게 각지(覺知)하는 것은 두려워한다는 원칙이다. 일상생활 속에서 각지를 배양하고 각지를 운용하며 각지 자체가 되어야 한다.

여기에서 '각지'를 사용하고 '각조'를 사용하지 않는 이유를 이해하려면, 먼저 '각지'와 '각조'의 차이를 알아야 한다. 사실 '각조'는 새로운 용어가 아니라, 조사선에서는 핵심적인 주제이다. 조사선의 핵심 수련방법이 바로 '각조'이기 때문이다. 이제 '각지'와 '각조'의 의미와 두 개념 간의 관계 및 차이점을 설명하겠다.

'각지'는 '각'과 '지'를 포함하는 말이다. '각'은 다시 내면과 외면으로 나뉜다. 내면의 작용은 자신이 말하고 행동하며 생각하는 과정을 관찰하고 인식하는 것이고, 외면은 외부 사물과의 접촉, 감각하는 과정이다. 비록 과정이라고 하지만 순간적인 현상이다. 또 '지'는 감각과 인식의 결과를 의미하기도 한다.

예를 들어, 전기에 감전되었을 때, '각'은 접촉의 과정이고, '지'는 마비와 통증이 오는 반응이다. 우리의 '눈, 귀, 코, 혀, 몸, 마음' 등 여섯 가지 감각 기관은 모두 '각'을 감지하는 기관이다.

'각조'의 '조'는 보살피고, 항복하고, 다스리고, 주재한다는 뜻이다. '각조'를 항상 시시각각으로 경각심을 높이는 상태라

对自己的言行举止、起心动念，也就是所想、所说、所做，包括对外界事物的觉察、感知都了了分明，而且能把握住。

如果你能觉、能知，但不能照，你还是管不住自己的身、口、意，做不了身、口、意的主，这还不是佛门修行的最高境界。佛门修行的最高境界是能觉、能照。

有的修行人能觉察到自己的起心动念和言行举止，但不能照顾住自己的起心动念和言行举止。而一个真正学佛的人应该既能觉察到自己的起心动念和言行举止，也能照顾住自己的起心动念和言行举止。所以说觉照高于觉知。

但是在把觉照功夫做足之前，必须先把觉知的功夫做足。一个人如果不知道自己的起心动念，不知道自己在想什么、说什么、做什么，他的言行举止是无法规范的。要想主宰自己的身、口、意，首先要能时刻觉知自己的身、口、意。所以在东华禅里我用的是觉知。有了觉知的基础，才谈得上觉照，也就是先觉知，后觉照。

고 이해하여도 된다. 자신의 말과 행동 그리고 마음이 움직이는 과정, 즉, 자기가 생각하고 말하고 일하는 모든 것에 대하여 깨달으면서 아주 분명하게 감지하고 파악하는 것이다.

만약 '각'하고 '지'할 수 있지만 '조'를 할 수 없어서, 그래서 자기의 신구의를 관리할 수 없고 자기의 주인이 될 수 없다면, 불문의 최고 수행경지에 도달하지 못한다. 불문의 최고 수준은 '각'할 수 있고 '조'할 수 있어야 하는 것이다.

어떤 수행자들은 자기의 마음이 일어나는 것과 언행은 깨달을 수 있지만, 그 깨달은 것을 보살피지 못한다. 부처가 되기를 공부하는 사람이라면, 자기의 마음이 일어나는 것과 언행을 깨달을 수도 있고 보살필 수도 있어야 한다. 각조가 각지보다 더 수준이 높은 것이다.

각조공부를 하기 전에 먼저 각지공부를 충분히 해야 한다. 자기의 마음이 무엇인지 모르고, 자기가 생각하고 말하고 일하려고 하는 것이 무엇인지도 모르는 사람은 말과 행동을 제어할 수 없다. 자기의 말과 행동을 주재하려면 시시각각으로 자기의 신구의를 각지하여야 한다. 그래서 동화선에서는 각지를 사용하라고 하는 것이다. 각지의 기초가 있어야 각조를 할 수 있으므로, 각지가 먼저이고 각조(보살핀다)가 나중이라고 말할 수 있다.

3) 늘 각조하는 삶을 살아야 한다

那么，觉知觉照在什么时候用呢？就在我们日常生活的行住坐卧中，而不仅仅是在禅堂里。如果你仅在禅堂里能保持觉知觉照，离开禅堂就失去了觉知觉照，那不是真功夫。

作为修行人，我们要学会把动中的境界复制到静中，把静中的境界复制到动中。也就是说你动的时候是一个状态，静的时候也是同样一个状态。

但是现在很多修行人都喜欢静，不喜欢动。在静的时候，他似乎能捕捉到一点道的影子，当你让他做事的时候，他会不情愿，甚至会生烦恼。因为他认为做事会影响修行，所以不愿意动，一动，他的清净心就没有了，那一点清净的影子都没有了。

这更说明了在动中修的重要性。真正成就的人都是在动中发挥佛法的用，发挥佛法的价值，是与众生一起享受佛法的智慧，与众生同乐，而不是关起门来自己一人独自享受。

3) 늘 각조하는 삶을 살아야 한다

그렇다면 언제 각지와 각조를 사용하는가? 선방에서만 사용하는 것이 아니라 일상생활의 모든 행동에서 사용한다. 만약 선방에서만 각지와 각조를 유지하고, 선방을 떠나면 각지와 각조를 잃는다면 진정한 공부가 아니다.

수행을 하는 사람이라면, 일상생활 할 때의 상황을 그대로 선방 안에서도 유지하고, 선방 안에서의 상황을 일상생활 할 때도 유지해야 한다. 다시 말하면 일상생활 할 때와 선방 안에서의 각지 각조의 상태가 같아야 하는 것이다.

하지만 현재 우리들 중에 많은 수행자들이 고요한 상태를 선호하고, 움직이는 것을 싫어한다. 고요할 때는 도의 흔적을 잡을 수 있는 것처럼 보이지만, 일을 하게 되면 불편해하고 심지어 불안해하기도 한다. 왜냐하면 일이 수행에 영향을 미친다고 생각하기 때문에 움직이기를 싫어하며, 움직일 때는 그나마 남아 있던 청정한 마음도 사라진다고 느끼기 때문이다.

이것은 생활하면서 수련하는(動中修) 것이 얼마나 중요한지를 잘 말해준다. 진정한 성취는 말하고 행동하는 가운데서 불법의 쓰임을 발휘하고 불법의 가치를 발휘하는 것이며, 중생과 함께 불법의 지혜를 즐기고, 중생과 함께 즐거움을 누리는 것이지, 문을 닫고 혼자 즐기는 것이 아니다.

4) 동화선은 불교의 인간세상화가 목적

"东华禅",以人为本,借事炼心,觉悟人生,奉献人生。目的是落实佛教人间化,开创人间净土,成就人间菩萨。

学习东华禅的目的是要落实佛教人间化,开创人间净土,成就人间菩萨。为什么说"觉悟人生,奉献人生"呢?一个人只有达到觉悟的高度,才可能奉献自己的人生。所以说先觉悟人生,后奉献人生。

• 부처님을 존경하는 이유

佛教只有在人间才有它的价值和意义,才有生命力。试问,如果当初释迦牟尼佛开悟之后不到人间弘法,一直坐在山上享受他的涅槃,今天我们还会记得他吗?他还会活在我们心中吗?

之所以释迦牟尼佛至今还活在我们心中,是因为他开悟之后,享受了四十九天的大定,就出定,下到红尘中弘扬他的思想,为众生服务了。由于无量众生因佛陀而受益了,所以我们没有忘记佛陀,直至今日还在怀念佛陀,效仿佛陀。

4) 동화선은 불교의 인간세상화가 목적

'동화선'은 사람을 근본으로 한다. 일을 통해 마음을 닦고 인생을 깨닫고 봉사하는 것이다. 그 목적은 불교의 인간세상화를 실현하는 것이니, 인간세상에서 정토를 만들고 인간세상에서 보살이 되는 것이다.

우리가 동화선을 배우는 목적은 불교의 인간세상화를 실현하는 것이고, 인간세상에서 불국정토를 여는 것이며, 인간으로서 보살을 이루는 것이다. 그렇다면 왜 인생을 깨닫고 인생에 봉사하라고 하는가?

- **부처님을 존경하는 이유**

불교는 인간세상에서라야 그 가치와 의미가 있고 생명력이 있다. 석가모니 부처님께서 깨달음을 얻은 뒤, 불법을 펴지 않고 산에 앉아 열반을 즐겼다면, 오늘날 우리가 그분을 기억할 수 있겠는가? 아직도 우리 마음속에 살아있을 수 있을까?

석가모니 부처님이 오늘날에도 우리 마음속에 살아 있는 이유는, 그분이 깨달음을 얻고 49일간의 입정(入定)을 누리신 뒤에, 인간세상으로 내려와서 그분의 사상을 널리 알리고 중생을 위해 봉사했기 때문이다. 무수한 중생들이 그분의 덕을 입었기 때문에, 우리는 석가모니부처님을 잊지 않고 오늘날까지도 그리워하며 본받고 있는 것이다.

我们之所以推崇佛菩萨，是因为佛菩萨有无我奉献、为众生服务的精神。那么，他们无我的精神具体体现在哪里呢？就体现在他们奉献了自己的人生，把自己完全交给了众生、交给了社会，所以社会和众生才不会忘记他们。

• 극락세계를 추구하는 이유

真正成就的人是不会想去极乐世界的，因为他已经解脱了，极乐就在他心中，何须再去极乐世界寻找极乐呢？只有没有成就的人、没有解脱的人、烦恼的人才想到极乐世界去。因为他认为在娑婆世界没有快乐、没有自在，只有到极乐世界才有快乐、才有自在。

试问大家：一个人在娑婆世界都没有快乐、没有自在，到极乐世界会有快乐、会有自在吗？他在娑婆世界都没有解脱，到极乐世界会解脱吗？一个没有快乐、没有自在的人去得了极乐世界吗？

一个真正解脱的人，他所到之处都是极乐世界、都是净土，他走到哪里就把快乐带到哪里，他还需要去极乐世界吗？你们想去极乐世界吗？想去的都是还没有悟道！

우리들은 부처님과 보살님들이 중생들을 위하여 무아의 정신으로 봉사하기 때문에 숭배한다. 그렇다면 그분들은 어떻게 무아의 정신을 봉사했는가? 자기의 인생을 바치고, 자기를 중생에게 온전히 맡기고 사회에 바쳤기 때문에, 사회와 중생은 그분들을 잊지 못하는 것이다.

- **극락세계를 추구하는 이유**

  진정으로 성취한 사람은 극락세계를 찾지 않는다. 왜냐하면 그는 해탈하였고, 이미 극락세계가 그의 마음속에 있기 때문이다. 다시 극락세계에 가서 극락을 찾을 필요가 없는 것이다. 성취하지 못하고 해탈하지 못해서 번뇌하는 사람들만이 극락에 가고자 하는 것이다. 이 세상은 즐거움도 자유도 없고, 극락세계에 가야만 즐거움과 자유가 있다고 생각하기 때문이다.

  이 세상에서 즐거움도 없고 자유도 없는 사람이, 극락세계를 간다고 즐겁고 자유롭겠는가? 이 세상에서도 해탈하지 못한 사람이, 극락세계로 간다고 해탈할 수 있겠는가? 즐거움도 자유도 없는 사람이 극락에 갈 수 있는가?

  해탈한 사람은 가는 곳마다 불국정토이고 극락세계이다. 가는 곳마다 행복이 있는데, 굳이 극락세계를 갈 필요가 어디 있는가? 극락세계로 가고 싶은가? 극락세계로 가고 싶다면 아직도 깨닫지 못한 것이다.

- **현재가 불국정토이다**

　"东华禅"将信仰落实于生活，将修行落实于当下，将佛法融入世间，将个人融入大众。在工作中修行，在修行中工作，在尽责中修福报，在觉照中修智慧，在奉献中修解脱。

　上乘佛法的精神是当下开悟，当下解脱，当下自在，而不是死了之后去极乐，去解脱，去自在。一个人活着的时候都没有开智慧，没有解脱，往生之后怎么可能开智慧，怎么可能解脱呢？

　当然，如果这一世你没有把功夫做足，可以寄托到来世继续做。等到来世你开悟了，你就知道真正的净土就在人间，真正的自在就在人间，真正的菩萨也在人间。

　一个修行人如果不能把自己的信仰落实于生活中，只是在寺庙的时候有信仰，回到社会上，回到工作中就不信仰了，那说明他的信仰是支离破碎的，没有成片成势。成片成势的信仰就在生活中，就在一天二十四小时里，否则你所谓的信仰不是真正的信仰。

- 현재가 불국정토이다

동화선은 생활 속에서 신앙을 실천한다. 현상황에서 수행을 실천하고, 불법을 인간세상에서 펼치고, 개인을 대중 속에 융합한다. 일하면서 수행하고 수행하면서 일하며, 사람으로서 책임을 다하면서 복을 쌓는다. 각조 속에서 지혜를 닦고, 봉사하면서 해탈을 이룬다.

상승불법(上乘佛法)의 정신은, 죽은 뒤에 극락에 가고 자유자재하며 해탈하는 것이 아니다. 지금 여기서 깨닫고 해탈하며 자유자재를 얻는 것이다. 살아서 지혜의 문을 열지 못하고 해탈하지 못한 사람이, 어떻게 죽은 뒤에 지혜의 문을 열고 해탈할 수 있는가?

물론 이생에서 수행이 부족하여 성취하지 못하더라도, 다음 생에서 계속 수련할 수 있다. 만약 다음 생에서 깨달음을 얻는다면, 진정한 불국정토는 인간 세상에 있고, 진정한 자유자재도 인간 세상에 있으며, 진정한 보살님들도 인간 세상에 있다는 것을 알게 될 것이다.

만약 신앙을 생활 속에서 실천하지 않고, 단지 사찰에 있을 때만 신앙이 있으며, 사회생활하고 일터로 돌아가면 신앙이 없어진다면, 그 신앙은 산산조각이 난 것이고 일관성이 없는 것이다. 일관성이 있어 대세가 된 신앙만이 하루 24시간 항상 끊임없이 유지된다. 아니면 그 신앙은 진정한 신앙이 아니다.

一个真正的修行人是把修行落实于当下，而不是寄托于未来。如果当下你都没有修好，没有把握住，你说你未来能修好，能把握住，那是不现实的。

所谓看你的未来，就是看你的当下。看你的过去，也是看你的当下。当下是过去的当下，也是未来的当下。所以一个成就的人每时每刻都在把握当下，他不会回忆过去，渴望未来，错过当下，空过当下。

佛法离开世间是没有生命力的。佛法要想源远流长，出家人要想活得有价值，就不能脱离社会、脱离世间，必须把个人融入大众，把我们这个个体融入整体，就像把一滴水融入大海一样，去为众生服务。所以"东华禅"提倡"在工作中修行，在修行中工作"。

- **책임감과 성인**

你想修福报，首先要有责任心。如果你连责任心都没有，怎么修得来福报呢？一个会修福报的人，一个善于修福报的人，首先是一个责任心非常强的人。从来没听说过一个没有责任心的人能把福报修到手。

真正的责任心不是让你对别人负责，而是让你对自己负责。你能做到对自己负责，才能做到对他人负责。

진정한 수행자들은 다음 생에서 수련할 생각을 하지 않고, 지금 이생에서 수행을 달성하고자 한다. 지금 수행하지 않고 미래에 수행한다는 말은 비현실적이고 그릇된 생각이다.

미래를 본다는 것은 바로 지금 현재를 보는 것이고, 과거를 본다는 것도 역시 지금 현재를 보는 것이다. 현재가 바로 과거의 현재이고 미래의 현재이다. 그렇기 때문에 성취한 사람은 매 순간 지금 현재를 파악하며, 과거도 회상하지 않고 미래도 갈망하지 않으며, 현재를 헛되게 흘려버리지도 않는다.

불법은 인간세상을 벗어나면 생명력을 잃는다. 출가한 스님들이 가치 있는 삶을 살고 불법을 계속 이어가고자 한다면, 사회와 인간세상을 떠나서는 안 된다. 마치 한 방울의 물이 바다에 흘러들어가서 전체가 되듯이, 개인은 대중과 융합하며 중생을 위하여 봉사해야 한다. 그러므로 나는 "일하면서 수행하고 수행하면서 일하는 동화선"을 제창하는 것이다.

- 책임감과 성인

복을 쌓고 싶으면 우선 책임감이 있어야 한다. 책임감도 없는 사람이 어떻게 복을 쌓을 수 있겠는가? 복을 쌓을 줄 아는 사람은 책임감이 굳센 사람이다. 나는 책임감이 없는 사람이 복을 쌓았다는 말을 들어본 적이 없다.

책임감이 있는 사람은 다른 사람을 책임지는 것이 아니라 자기를 책임진다. 자기를 책임질 수 있어야만 다른 사람을 책임

你对自己都不能负责,你说你能对他人负责任,这不过是一句空话。

佛教主张自利利他,为什么?因为我们是在凡夫位,在凡夫位上首先要能自利,然后才能利他。只有在圣位的菩萨才能完全做到利他而不自利。

一个人要想开智慧,就要时时刻刻觉知觉照。一个没有觉知觉照的人,哪里来的智慧呢?只有当一个人觉性的力量苏醒了,他才会有智慧。你觉性的力量都没有苏醒,哪儿来的智慧呢?

如何才能做到真正的解脱呢?你没有了欲望,无所求了,你所做的一切都不是为了自己,而是为了他人,为了社会,你就解脱了。为什么你现在解脱不了呢?因为你的欲望太多了,你所做的一切都是你自己的需要,是为你自己而做,所以你越做越累,解脱不了。

질 수 있다. 자기도 책임 지지 못하는 사람이 어떻게 남을 책임질 수 있겠는가? 헛된 말이다.

불교에서는 왜 '자리이타(自利利他)'를 주장하는가? 우리는 모두 보통사람의 단계(지위)에 있기 때문이다. 보통사람의 지위에 있으면, 자기 자신에게 이익이 되어야 다른 사람에게도 이익을 줄 생각을 한다. 오직 성인의 지위에 있는 보살들만 '이타(다른 사람을 이롭게 함)'를 하고 '자리(자신을 이롭게 함)'를 주장하지 않는 것이다.

지혜의 문을 열고자 하면 시시각각으로 각지하고 각조를 하여야 한다. 각지와 각조가 없는 사람이 어떻게 지혜가 생길 수 있겠는가? 오직 각지하고 각조하는, 즉 각성하는 힘이 깨어나야만 지혜의 문이 열린다. 각성하는 힘이 깨어나지 않는다면 지혜의 문이 열릴 수 없다.

어떻게 해야 해탈할 수 있는가? 욕심도 없고 바라는 것도 없고, 자기가 하는 일이 다 남을 위하고 사회를 위한다면 해탈한 사람이다. 왜 지금 해탈할 수 없는가? 욕망이 많고, 하는 일들도 자기 자신의 욕망을 만족시키기 위한 것뿐이기 때문에, 하면 할수록 더 지치고 해탈할 수 없는 것이다.

5) 발심이 사람을 성공시킨다

"东华禅"首在发心,重在行愿。发四无量心,修四摄六度,行十大愿王。虚空有尽,行愿无穷。

凡夫和菩萨的差别,首先是思想境界的差别。凡夫之所以是凡夫,是因为他的心放在凡夫位,没有放在菩萨位,没有放在圣人位。

所谓的发心,就是把你的心从凡夫位放到一个很高的位置上,就相当于世间人说的立了志向。志向立得很高,你自然就解脱了,自然就虚怀若谷了,心胸、器量、格局自然就有了。

之所以你的心量小,是因为你的心放在凡夫位上,你没有发心,你的菩提心没有生起来,你是以一颗凡夫心在做事,所以你怎么做都是一个凡夫,而且越做越痛苦。

如果你发了菩提心,以一颗菩萨的心在做事,你就会越做越快乐,越做心胸器量越大,智慧自然就开了。至于解脱,那就不在话下了,自然就解脱了。你的心已经放在了菩萨位,难道还没有解脱吗?

5) 발심이 사람을 성공시킨다

　동화선은 발심을 가장 중시하며, 행원을 실천하는 데에 중점을 둔다.* 사무량심(四無量心)을 발원하고 사섭육도(四攝六度)를 수련하면서 십대원왕(十大願王)을 행한다. 허공은 끝이 있을지라도 행원은 끝이 없다.

　보통사람과 보살의 제일 큰 구별은 사상적 경지이다. 보통사람이 보통사람인 이유는, 그의 마음 씀이 보통사람의 지위에 있고 보살이나 성인의 지위에 있지 않기 때문이다.

　'발심'은 보통사람의 마음을 아주 높은 위치에 놓게 한다. 세상 사람들이 말하는 높은 목적을 세운다는 것이다. 높은 목적을 세운 사람은, 자연스럽게 해탈이 되고 겸손하며 욕심을 비우며, 그들의 마음 씀이 넓고 관대하며 그릇도 크다.

　아량이 작은 까닭은, 마음을 보통사람의 기준으로 놓았기 때문이다. 그런 사람은 발심하지 않았고 보리심이 생기지 않았기 때문에, 보통사람의 마음으로 일을 하는 것이다. 보통사람의 마음으로 일을 하면 무슨 일을 하든 다 보통사람이고, 마음고생도 아주 크다.

　만약 보리심을 발심하고 보살의 마음으로 일한다면, 일을 할수록 즐겁고 마음이 넓어지고 지혜문도 열린다. 해탈은 더 말

---

* 만행 큰스님은 평소에 "흉무대원(胸無大願)이면 편심귀인(遍尋貴人)이라도 부득(不得)"을 강조하신다. "가슴속에 크고도 절실한 소원이 없으면, 아무리 귀인을 두루 찾아다녀도 찾지 못한다."는 뜻이다. 소원이 없으면 바로 옆에 나를 돕는 귀인이 있더라도 보이지 않는 것이다.

所以，要想解脱、要想修行，首先就要发心，把你的心放到三界外，你就超越了财色名利、名闻利养、爱恨情仇……全部都超越了。

因为财色名利、名闻利养、爱恨情仇等等，都是三界内的东西，都是所谓的沿途风光。当你的心放到三界外，你自然就超越了沿途风光的种种诱惑和烦恼，你的心自然就是菩萨的心了，与圣人的心没有区别。

当然，发了心之后你还要去做，你所有的言行举止、为人处事的方式方法都要按三界外的标准来要求自己。譬如你是个凡夫，但现在你想当菩萨，那么你以后的言行举止就要以菩萨的言行举止的标准来要求自己。

你想当佛，你的言行举止、心胸器量也要以佛的标准来要求自己。你再也不能说"我是凡夫"，不能再以凡夫的标准来要求自己了，否则怎么叫发心呢？发心就是你的立足点改变了，不再按过去的标准要求自己了。

할 것도 없다. 마음을 보살의 위치에 놓았는데 어찌 해탈할 수 없겠는가? 그러므로 해탈하고 수행할 것을 원한다면, 우선 발심부터 해야 한다. 마음을 삼계(三界) 밖에 놓는다면, 재물과 명예, 명성과 존경, 은애와 원수 등등의 모든 것을 다 초월할 수 있다.

재물과 명예, 명성과 존경, 은애와 원수 등등은 다 삼계 내의 일이다. 말하자면 지나가는 길에 있는 경치이다. 마음을 삼계 밖에 놓으면, 인생길의 풍경이나 번뇌를 다 초월한 보살의 마음이 되고 성인의 마음과 차이가 없다.

물론 발심한 뒤에는 반드시 실천을 해야 한다. 모든 말과 행동이나 일처리 하는 방식을 모두 삼계 밖의 표준으로 자기에게 요구해야 하는 것이다. 이를테면 보통사람인 당신이 지금 보살이 되고 싶다면, 이제부터의 언행은 보살의 언행에 맞게 할 것을 자기에게 요구하라는 것이다.

부처가 되고 싶으면, 부처의 언행과 마음 씀씀이로 자기에게 요구해야 한다. 다시는 '나는 보통사람이다' 라는 말을 하지 않을 것이고, 다시는 보통사람의 기준으로 살 것을 자기에게 요구하지 않을 것이다. 아니면 어떻게 발심했다고 할 수 있는가? 발심했다는 말은, 이미 당신의 입지가 바뀌었기 때문에 과거의 기준으로 자기에게 요구하지 않는다는 뜻이다.

6) 사무량심과 사섭육도

• 사무량심

> 什么叫"四无量心"呢？四无量心指的是慈无量心、悲无量心、喜无量心、舍无量心，简称慈、悲、喜、舍。一个修行人首先应该发的就是四无量心。因为四无量心是为令无量众生离苦得乐而发的广大利他之心——慈能给众生安乐；悲能拔除众生的痛苦；喜是见众生离苦得乐而生欣悦欢喜之心；舍是对以上三心不执著，同时又舍弃一切冤亲之别的平等心。

• 사섭육도

> "四摄六度"则是个人的修为，它针对的是自身的习气、毛病和业力。四摄是布施、爱语、利行、同事。六度是布施、持戒、忍辱、精进、禅定和智慧。

> 那么，如何利益众生呢？首先必须修四无量心。但是想利益众生，先要把自身的功夫做足，也就是要修好四摄

6) 사무량심과 사섭육도

● **사무량심**

사무량심(四無量心)은 무엇인가? 사무량심은 '자무량심, 비무량심, 희무량심, 사무량심'을 말하며, 간단히 '자비희사(慈悲喜捨)'라고 줄여서 부른다. 수행자는 우선 사무량심을 발심해야 한다. 왜냐하면 사무량심은 중생을 '이고득락(離苦得樂:고통에서 벗어나서 행복을 얻게 함)'하는 큰 이타심(利他心)이기 때문이다. '자'는 중생들에게 즐거움을 주고, '비'는 중생들의 고통을 없애주며, '희'는 중생들에게 '이고득락'하게 하는 환희의 마음을 주고, '사'는 위의 세 마음에 집착하지 않으면서도 원망하고 친애하는 구별을 버리게 하는 평등한 마음을 유지해주는 것이다.

● **사섭육도**

사섭육도(四攝六度)는 열 개의 항목으로 나누는 개인의 수양이다. 각자의 각종 습성과 결점 그리고 업장을 다스리는 것이다. 사섭육도에서 '사섭'은 '보시'와 '좋은 말'과 '이행'과 '동사(同事)'의 네 가지 이끌어줌이며, '육도'는 '보시', '계율을 지킴', '인욕(忍辱:분노를 다스림)', '정진(精進)', '선정(禪定)' 그리고 '지혜'의 여섯 가지 방도이다.

어떻게 중생을 이롭게 할 수 있는가? 우선 충분한 수행공부를 하면서 반드시 사섭육도를 수행하여야 한다. 사섭육도를 잘

六度。如果四摄六度做不好，你所谓的发四无量心也是一句空话。

四摄六度的第一个"布施"如果你做到位了，你就解脱了。布施并非单指布施钱财，人最容易做到的就是布施钱财，而最不容易做到的是布施自己的面子、自己的尊严。

一个人往往宁愿布施钱财，也不愿意布施自己的面子，不愿意失去自己的尊严。佛门里讲的布施，主要是针对面子和尊严，包括所有的弱点和习气。

譬如，一个懒惰的人就应该布施勤劳，一个说话尖酸刻薄的人就应该布施爱语。

爱语就是对人说话要和颜悦色，善言慰喻，说诚实语、调解语、柔和语，让人听了很舒服、很温暖、很安慰，心开意解，从而对三宝生起恭敬之心，绝对不是所谓的阿谀奉承。

수련하지 못하면서 사무량심을 발심한다는 것은 공허한 말에 불과하다.

　사섭육도의 첫 번째는 '보시'이다. 보시를 잘 실천하면 진정한 해탈을 얻을 수 있다. 여기서 말하는 보시는 단지 금전과 재물을 보시하는 것이 아니다. 사람들이 가장 쉽게 실천하는 보시는 금전과 재물이고, 가장 어려운 실천은 자기의 존엄과 체면을 보시하는 것이기 때문이다.

　사람들은 차라리 재물을 보시할지라도, 자기의 체면을 보시하기 싫어하고, 자기의 존엄을 잃는 것은 더욱 싫어한다. 불교에서 말하는 보시는, 주로 자신의 체면과 존엄성을 대상으로 하며, 모든 약점과 습성을 포함하는 것이다.

　예를 들면, 게으른 사람은 자기가 근면하게 일하는 실천을 보시하고, 말을 신랄하고 각박하게 하는 사람은 고운 말하기를 보시하는 것이다.

　사섭 중에 두 번째는 '고운 말'이다. 상냥한 얼굴로 사람들을 대하고, 좋은 말로 상대를 위로하며, 솔직하고 화합하는 말과 부드러운 말을 해서, 듣는 사람이 편안하고 따뜻하며 마음이 열리면서 삼보(三寶:부처님, 불법, 스님)에 대해 공경하는 마음이 스스로 우러러 생기게 하는 것이지, 아첨하라는 것이 아니다.

四摄当中的第三摄——利行，就是说话、做事、起心动念都要以利益众生为出发点，助人为乐，与人为善，利益众生的事情就去做，损害众生的事情就不做。

第四摄——同事，就是为了利益大众而让自己的生活和活动同于大众，就如同《观音菩萨普门品》中所说："应以长者身得度者，即现长者身而为说法；应以居士身得度者，即现居士身而为说法；应以宰官身得度者，即现宰官身而为说法……"

观音菩萨普门示现，随类应化，与众生同止同作，同学同修，志同道合，从而帮助众生断恶修善，成就菩提。作为修行人，我们也应该像观音菩萨那样，与众生同事共事，从而摄受、感化和度化众生。

那么，在现实生活中，我们应该如何对待身边的同事呢？当同事需要我们的时候，我们一定要伸手相助，而不

사섭 중에 세 번째는 '이행(利行)'이다. 말하고 일할 때는 중생에게 이익 주는 것을 목표로 마음 움직임을 시작하고, 남을 돕는 것을 낙으로 삼고, 사람들에게 선을 베푼다. 중생들에게 이익 주는 일이라면 바로 행하고, 중생의 이익에 손상 주는 일은 절대로 하지 않는다.

사섭 중에 네 번째는, 같은 생각으로 일을 하는 '동사(同事)'이다. 대중들의 이익을 위하고자 한다면 우리의 생활과 활동이 대중들과 같아야 한다. 『관세음보살 보문품』에서 말씀한 것처럼 "훌륭한 사람에게 제도 받아야 할 사람에게는 훌륭한 사람의 몸을 빌어서 설법하고, 보통사람에게 제도 받아야 할 사람에게는 보통사람의 몸을 빌어서 설법하며, 재상에게 제도 받아야 할 사람에게는 재상의 몸을 빌어서 설법한다…."는 뜻이다.
『관세음보살 보문품』에서 나타나 보이는 여러 화신(化身)은, 중생들의 부류에 따라 같은 부류의 화신으로 나타나면서, 함께 일하고 배우며 수련하고 뜻을 같이 한다. 이렇게 하는 과정에서 중생들이 악을 끊고 선행을 행하며 보리심을 성취하도록 하는 것이다. 수행자라면 관세음보살처럼 중생들과 함께 일하면서 중생을 끌어안고 감화시키며 제도해야 한다.

현실에서는 주변의 동료들을 어떻게 상대해야 하는가? 동료들이 우리를 필요로 한다면 반드시 도와주어야 한다. 사람들은

能借口推脱。平时同事不需要我们的时候，我们都说："兄弟，有事叫我啊！"结果兄弟真的有事叫你了，你却说："哎呀，我妈有病去不了。"好多"兄弟"都是这样。真正的兄弟应该如同手足一般，守望相助。

所以，只有真正做好四摄的人，才能做好六度。六度做好之后，我们自身的功夫才会扎实。

7) 행원

什么是一个真正的佛弟子呢？把普贤菩萨的"十大愿王"做到位了，就是一个真正的佛弟子。十大愿王的第一愿是什么？就是礼敬诸佛。礼敬诸佛不是让你礼敬释迦牟尼佛、阿弥陀佛、观音菩萨等诸佛菩萨，而是让你把身边的每一个人都当作诸佛菩萨来礼敬。

如果你到大殿去礼敬诸佛，从大殿出来后，却把身边的每个人都当作你的敌人，那你就不是一个真正的学佛人。一个真正的学佛人应该把每一个众生都当作诸佛菩萨来礼敬，乃至把每一个众生都当作如来来称赞。广修供养也不是让你在佛菩萨身上修供养，而是让你在身边的每一个人身上修供养。

필요하지 않을 때는 "일이 있으면 부르세요."라고 하다가, 일단 일이 있어 찾으면 "어머니께서 병환 중이라서 못 도와준다."는 식으로 핑계를 대고 돕지 않는다. 진정한 형제라면 손과 발처럼 서로 돕고 지켜줘야 한다. 진정하게 사섭을 수행하는 사람은, 육도(六度) 수행도 잘한다. 육도를 수행한 사람이라야 자신의 수행공부가 튼튼해질 것이다.

7) 행원

진정한 불제자란 무엇인가? 보현보살의 십대원왕十大願王을 잘 닦은 사람이 진정한 불제자이다. 십대원왕의 첫 번째 원왕(소원을 행함)은 무엇인가? 모든 부처님께 공경하게 예의를 드리는 것이다. 부처님께 예의를 드린다는 말은, 단지 석가모니 부처님과 관세음보살님께만 공경하게 예의를 드리는 것이 아니라, 주변의 모든 사람들을 다 부처님 보살님으로 모시며 공경하게 예의를 드려야 한다는 뜻이다.

대웅전에 모신 부처님 보살님들에게는 아주 공경하게 예의를 드리고, 대웅전을 나서서는 주위의 사람들을 다 적으로 상대한다면 진정하게 불교를 공부하는 사람이 아니다. 진정하게 불교를 공부하는 사람은, 모든 중생들을 다 부처님 보살님으로 모시면서 공경하게 예의를 드릴 뿐만 아니라 여래로 대접하고 칭송해야 한다. "널리 공양한다(廣修供養)"는 것도 단지 부처님

所以说只有把十大愿王做好了，才配称为一个真正的佛弟子。一个真正的佛弟子要做到虚空有尽，行愿无穷。虚空有坏的一天，但我们的行愿是无止境的。这个行愿指的是我们的努力和奉献，奉献前面所讲的四无量心，奉献自己的人生。如果你的行愿有穷尽的一天，有结束的一天，那说明你还不是一个真正的佛弟子。

보살님들께만 공양 올리는 것이 아니라 모든 사람들께도 다 공양 올려야 한다는 뜻이다.

그러므로 십대원왕을 수행한 사람은 진정한 불제자다. 진정한 불제자들은 "허공은 끝이 있어도 행원(소원을 실천함)은 끝이 없다."라는 원칙을 따른다. 혹여 허공(세상)이 망가지더라도 행원의 실천은 끝이 없는 것이다.

여기서 말하는 '행원'은 우리들이 노력하고 봉사하는 것을 말한다. 이미 앞에서 말한 것처럼 '봉사'는 사무량심이고, 자기의 인생을 봉사하는 것을 말한다. 만약 행원이 끝이 있고 중단되는 때가 생긴다면, 그 사람은 진정한 수행자가 아닌 것이다.

2. "东华禅"功法

目前无法意目前,闭目开眼往前看,
有眼无珠人不识,一目了然观大千,
剔目瞠眉黑变白,绵密不绝,
能所脱空知已灭,原来家风依旧
学佛做人,做人学佛。

보리수 밑에서 동화선 공법을 설명하시는 만행큰스님

2. 동화선 수련방법

당장에는 볼 수 있는 방법이 없으나 의식을 눈앞에 두고
두 눈을 감고 지혜의 눈으로 앞을 내다보라

눈동자가 없어서 볼 수가 없지만
일목요연해져서 대천세계를 한눈에 다 보네.

지혜의 눈으로 집중해서 앞을 내다보면 검은 것이 흰 것으로
되며 면밀하게 끊임없이 이어지네.

닦으려는 마음이나 닦아진 마음이 모두 비워지며 각지조차
없어지지만 원래의 가풍은 그대로이네.

부처가 되는 공부는 사람부터 되어야 하고
사람이 되면 부처가 되는 공부를 하는 것이라네.

> **1) 당장에는 볼 수 있는 방법이 없으나 의식을 눈앞에 두고/ 두 눈을 감고 지혜의 눈으로 앞을 내다보라**

"东华禅"功法指的是用功的方法。"目前无法意目前",这个"目"指的不仅是我们外在有形有相的眼睛,更是指我们内在的心目心眼。这句话的意思是,修行人必须守住自己的心,守住自己的眼,不能散乱,不能被外面的财色名利牵着跑,要做财色名利的主人。

一个真正的修行人,当他的肉眼关闭时,他的心眼是打开的,对外界的事物看得清清楚楚。我们在用功时,虽然肉眼关闭了,但我们心灵的眼睛打开了,在往外看,同时也在往内看,看住自己的起心动念。

一个人能管住自己的六根——眼、耳、鼻、舌、身、意,才是修行的开始。如果管不住自己的眼、耳、鼻、舌、身、意,给他什么法都没有用。

目前社会上传播的修行法门有上百种。无论修哪一种法门,在入门的时候都离不开心意识。刚开始用功的时候,都是先修有为法,都是刻意而为。从有为法到无为法,从刻意到不刻意,这是一个过程。但是到了一定的高度,就要把心意识抛开了。

1) 당장에는 볼 수 있는 방법이 없으나 의식을 눈앞에 두고/ 두 눈을 감고 지혜의 눈으로 앞을 내다보라

동화선 수련은 수행공부를 하는 방법이다. "당장에는 볼 수 있는 방법이 없으나 의식을 눈앞에 두고"라고 할 때의, '눈'은 몸에 붙어있는 눈일 뿐만 아니라, 우리들의 몸에 내재해 있는 마음의 눈(心目, 心眼)을 말한다. 이 말은 수행인은 자기의 마음과 눈을 지키며 흐트러지지 말아야 하며, 재물과 명예에 끌려 다니지 말고 재물과 명예를 다스리는 주인이 되라는 말이다.

진정한 수행자는 눈을 감았지만, 마음의 눈이 열려서 외부의 사물들을 명확하게 볼 수 있다. 우리가 수행할 때 눈은 감지만, 심령의 눈이 열리며 외부를 바라보는 동시에 내면도 살펴본다. 이때 자신의 마음속에서 일어나는 생각을 살펴보는 것이다.

자기의 육근(눈, 귀, 코, 혀, 몸, 의식)을 단속할 수 있다면 수행을 시작했다고 할 수 있다. 만약 자기의 육근조차 다스릴 수 없다면 아무리 좋은 수행방법을 주어도 소용없는 것이다.

지금 세상에 알려진 수행방법은 백여 가지도 더 된다. 어떤 방법으로 수련하든지 다 의식을 떠날 수 없다. 처음 수련을 시작할 때 다 유위법으로 수행하는 데, 이는 의도적으로 행하는 것이다. 유위법에서 무위법, 즉 의도적이지 않은 상태로 넘어가는 것이 일종의 과정이다. 하지만 일정한 수준에 도달하면 마음의 의식을 버려야 한다.

> 2) 눈동자가 없어서 볼 수 없으나/ 일목요연해져서 대천세계를 한 눈에 다 보네

"有眼无珠人不识"是佛教的一个偈语,它指的是我们眉心的这只无形的眼睛(中国人习惯于称它天眼或慧眼)。古人形容这只眼睛打开之后便是一目了然。社会上的人常用"有眼无珠"来骂人,但实际上在禅宗里、在佛门里,它是一个褒义词。我们内在的这只眼睛就是有眼无珠,只有通过精进修行才能把它逐步打开(天眼→慧眼→法眼→佛眼)。

> 3) 지혜의 눈으로 집중해서 앞을 내다보면 검은 것이 흰 것으로 되며/ 면밀하게 끊임없이 이어지네

在传统的佛教里,尤其是在印度教里,那些神像、修行人的眉间画的都是一只竖着的眼睛。但是到了我们中国之后,佛像眉间的眼睛被改成了红痣。这一改,整个意思都变了,害了无数人!

2) 눈동자가 없어서 볼 수 없으나/ 일목요연해져서 대천세계를 한 눈에 다 보네

"눈동자가 없어서 볼 수 없다(有眼無珠人不識)"라는 말은 불교에서 쓰는 경구이다. 우리들의 미간에 있는 무형의 눈을 가리키는 말이다(천안 또는 혜안이라고 한다). 옛 고인들은 이 지혜의 눈을 뜨면 "일목요연(一目了然) 하게 된다"라고 형용한다. 세간의 사람을 욕을 할 때 "눈 뜬 소경(눈은 있되 눈동자가 없다)"이란 말을 쓰지만, 사실상 선종과 불문에서는 좋은 의미로 쓰인다. 우리들의 내면의 눈은 "눈동자가 없는 눈"이다. 오직 용맹정진 해야만 비로소 이 소경의 눈이 차츰 열리게 되어서, 천안(天眼:하늘의 눈)이 되고 혜안(慧眼:지혜가 열린 눈)이 되며 법안(法眼:법을 아는 눈), 불안(佛眼:부처님의 눈)으로 발전하게 되는 것이다.

3) 지혜의 눈으로 집중해서 앞을 내다보면 검은 것이 흰 것으로 되며/ 면밀하게 끊임없이 이어지네

전통적인 불교 특히 힌두교의 신상과 수행자들의 미간에는 세워진 눈이 그려져 있다. 중국에 전파된 다음 불상의 미간이 붉은 점으로 바뀌었다. 결과적으로 이 붉은 점으로 전체적인 의미가 변색되었고, 수많은 사람들을 망치게 되었다.

你们可以看印度教的神像，和那些传统的瑜伽士，他们眼前画的都是一只眼睛。它的意思是要我们关闭外面这两只凡夫的眼睛，把内在的这只慧眼打开，把心放在慧眼上看出去。心不是守在眉间，而是透过眉间往外看。当我们的注意力集中了，我们的心专注了，我们的眼前就会由黑变白，由白变亮，最后变得金光闪闪，光明洞耀。

之所以我们闭上眼睛，眼前一片漆黑，是因为我们的散乱心比较重，我们的很多执著没有放下。当一个人把执著放下了，清净心生起来了，他一闭眼，眼前就是一片光亮，就像中秋的明月一样，能看到内在的五脏六腑，甚至能看到体内的十二经络是怎么运行的。

"绵密不绝"的意思是柔软而又不间断，这是指用功的方式。我们打坐用功的真正核心就是这一句话——柔软而又不间断：用一颗柔软的心、慈悲的心、放松的心，透过眉间持续地往外看。绵是松软的意思，密是不断的意思，不绝是指用功成片成势，而不是支离破碎，就像一根线一样，是不断的，所以称绵密不绝。

힌두교의 신상과 전통적인 요가 수행자들의 미간에는 항상 하나의 눈을 그려놓았는데, 우리의 평범한 두 눈을 닫고 내재된 지혜의 눈을 뜨라는 뜻이다. 마음을 미간에 머물며 미간을 지키라는 것이 아니라, 미간을 통해 밖을 내다보라는 뜻이다. 우리가 주의력을 집중하고 마음을 집중하면, 눈앞의 미간에는 검은 것이 변하여 흰 것으로 되고, 흰 것은 환하게 밝아지면서 금빛으로 반짝이며 찬란한 빛을 뿌리게 된다.

눈을 감을 때 눈앞이 캄캄한 이유는, 마음이 산만하고 집착을 내려놓지 못했기 때문이다. 일단 집착하는 마음을 다 내려놓고 마음을 청정하게 가지면, 눈을 감았을 때 눈앞의 미간이 보름달처럼 환해진다. 그때는 체내의 오장육부는 물론이고 12경락의 운행과정도 환히 들여다 볼 수 있다.

"면밀하게 끊임없이 이어진다."는 의미는 부드럽고 끊임없이 이어진다는 뜻으로, 수련하는 방식을 말한다. 좌선할 때의 진정한 핵심은 "부드럽고 끊어지지 않음"이다. 아주 부드럽고 자비로우며 느슨한 마음으로 미간을 통해 끊임없이 밖을 내다보는 것이다. '면'은 느슨하고 부드럽다는 뜻이고, '밀'은 끊어지지 않는다는 뜻이며, '부절'은 수련공부가 이미 추세가 되어 흩어지지 않는다는 뜻이다. 마치 한 줄의 실처럼 끊어지지 않고 이어지기 때문에 '면밀부절'이라고 말한 것이다.

4) 닦으려는 마음이나 닦아진 마음이 모두 비워지며 각지조차 없어지지만/ 원래의 가풍은 그대로이네

　　当达到一个非常高的境界，也可以说是最后的境界时，就会发现"能所脱空知已灭"。为什么说能所脱空知已灭呢？因为修到最后，能修心的和所修的法都空了，觉知觉照全部都超越了，不需要了，没有了。

　　为什么到最后觉知觉照都没有了呢？因为你本身就是一个觉照，已经没有能照和被照的了。如果你还有能照和被照的，说明你还在途中，还没有到达目的地。到达目的地之后，能修的和所修的，也就是能修的和被降伏的全部都超越了，没有了。

　　有的人说最后就变成觉知觉照了，那就错了。一个真正成就的人，他的境界已经达到了一定的高度，没有二元对立了，没有了智慧和烦恼的分别，没有了凡夫和圣人的分别……他只有一没有二，因为他已经融入整体，达到了同一体。这时候烦恼就是智慧，凡夫就是圣人。

4) 닦으려는 마음이나 닦아진 마음이 모두 비워지며 각지조차 없어지지만/ 원래의 가풍은 그대로이네

아주 높은 경지에 도달하면, 다시 말해서 최후의 경지에 도달하면, "능소탈공 지이멸(能所脫空知已滅), 즉 "닦으려는 마음(능)이나 닦아진 마음(소)이나 다 없어지고(탈공) 각지조차 없어짐(지이멸)"을 알게 된다. 닦고자 하는 마음이나 닦아진 마음이나 다 초월하고, 각지와 각조까지 다 초월하고, 필요도 없어지고 존재도 없어진 것이다.

왜 각지와 각조조차 다 없어지는가? 왜냐하면 당신 자체가 이미 각조가 되었기 때문에, 더 이상 보살필 것도 없고 보살핌을 받을 것도 없기 때문이다. 만약 아직도 보살필 것도 있고 보살펴지는 것이 있다면, 아직도 목적지까지 도달하지 못한 것이다. 목적지에 도달하면 닦으려는 마음이나 닦아진 마음이나 다 초월되어 없어지는 것이다.

어떤 사람들은 최고경지에서는 각지와 각조로 변한다고 하는데 틀린 말이다. 진정하게 성취한 사람의 최고경지는 이미 일정한 높이에 도달하였기 때문에 이원대립(二元對立)이라는 것이 없어져서, 지혜와 번뇌의 구별도 없어지고, 보통사람과 성인의 분별도 없어진 것이다. 오직 하나일 뿐이고 둘은 없다. 왜냐하면 이미 전체에 융합되어 한 몸이 되었기 때문이다. 이때는 번뇌가 지혜이고 보통사람이 성인인 것이다.

如果你的心还放在三界内，就有凡夫和圣人的区别。当你的心放到三界外，你的菩提心生起来了，你看每一个众生都是佛菩萨了，这时候你才恍然大悟：原来家风依旧——学佛做人，做人学佛。

5) 부처가 되는 공부는 사람부터 되어야 하고/ 사람이 되면 부처가 되는 공부를 한 것이라네.

你要想学佛，先做一个好人，把人的基本功踏踏实实地做足做到位。那么，怎么做人呢？就拿佛的标准来要求自己。

只有把"做人学佛，学佛做人"这八个字的功夫做足了，在你身上才会体现出一点点佛弟子的样子。

如果你人都做不好，你说我是学佛的，那不接地气。所谓的万丈高楼平地起，一个大学生也是从幼儿园慢慢开始培养起来的。你的志向可以立在圣人的高度，你可以说

만약 이때 아직도 마음이 삼계의 안에 머물러 있다면 보통사람과 성인의 구별이 있게 된다. 하지만 일단 마음을 삼계밖에 놓으면, 보리심이 생기고 모든 중생들이 다 부처님 보살님이 되는 것이다. 이때에야 비로소 문득 깨닫게 된다. 바로 "부처님을 배우는 것이 사람의 삶을 배우는 것이고, 사람의 삶을 배우는 것이 부처님을 배우는 것이다(學佛做人, 做人學佛)."라는 여덟 글자의 동화선 가풍이 변하지 않았다는 것을!

5) 부처가 되는 공부는 사람부터 되어야 하고/ 사람이 되면 부처가 되는 공부를 한 것이라네.

부처님을 배우고 싶다면, 우선 좋은 사람이 되어야 한다. 사람으로서의 기본적인 수양을 확실히 갖추어야 한다. 그러면 어떻게 사람답게 살아야 할까? 부처님의 기준을 자신에게 적용해 보라.

"사람노릇을 제대로 하는 것이 부처님을 배우는 것이고, 부처님을 배우는 것이 사람답게 살아가는 것이다(주인학불做人學佛, 학불주인學佛做人)." 이 여덟 글자의 수행을 충분히 실천해야, 비로소 부처님제자의 모습이 드러나게 된다.

만약 사람 역할도 못하는 사람이 부처님을 배운다고 하면, 기초를 닦지 못한 것과 같다. 아주 높은 만장의 누각도 지면에서 부터 기초를 닦아서 시작하는 것이다. 학생들도 유치원에서

我要成佛，但是在具体努力的时候，还是要先从人到贤，再到圣。

人、贤、圣的区别是什么呢？圣人是在果地，已经到达目的的了。在修行途中的人则称为贤人。至于那些还没有开始修行的就叫做人，或者叫做凡夫。但是，凡夫一旦发起了菩提心，就不是凡夫，而是贤人了，因为他已经在修行途中了。

초등학교 중학교 고등학교를 졸업한 다음에 대학교 공부를 하는 것이다. 우리들의 목표를 성인의 경지에 두고 성불하겠다고 하는 것은 좋지만, 구체적으로 노력하며 수행할 때는, 우선 사람이 되고 그 다음에 현인이 되고 성인이 되어야 한다.

보통사람과 현인 그리고 성인의 구별은 무엇인가? 성인은 이미 목적지에 도달한 사람이고, 수행도중에 있는 사람은 현인이라고 한다. 수행을 시작하지 않은 사람을 보통사람 혹은 범부(凡夫)라고 한다. 하지만 보통사람이라도 일단 보리심을 발심한다면, 보통사람이 아니라 현인이다. 왜냐하면 그들은 이미 수행도중에 있기 때문이다.

3. 동화선 심법

> "东华禅"心法——**善护念，清净心，常觉无住。**

1) 동화선 10자진언

　　"善护念，清净心，常觉无住"，这是"东华禅"的"十字真言"。如果你每时每刻都念这十字真言，你会受益终生，会解脱，会成佛，会开大智慧！

　　什么是无上咒？"善护念，清净心，常觉无住"就是无上咒，就是无等等咒，能除一切苦，能灭一切烦恼，能成就一切功德。其实这十个字是《金刚经》的核心。所以在东华禅寺剃度的弟子，他们的字全部是"善护"。

● 선호념

　　"善"在这里是"好好地"的意思，也就是要时刻好好地护住我们的起心动念，看住我们的言行举止。如果你不能时刻很好地看住自己的起心动念、言行举止，你就称不上是一个佛弟子。你不能时刻看住自己的念头，你的清

3. 동화선 심법

선호념(善護念), 청정심(淸靜心), 상각무주(常覺無住)

1) 동화선 10자진언

'선호념, 청정심, 상각무주'는 동화선의 10글자로 된 10자진언(十字眞言)이다. 항상 이 10자진언을 마음에 새겨두면 평생 이익을 볼 수 있으며, 해탈하고 성불하고 지혜문도 크게 열릴 것이다.

무엇이 무상주(無上咒:최고로 높은 진언)인가? '선호념/ 청정심/ 상각무주'가 무상주이다. 이 진언은 최고의 진언이고 최상의 진언이다. 모든 괴로움을 제거하고 모든 번뇌를 소멸시키며 모든 공덕을 성취시킨다. 이 열 글자는 『금강경』의 핵심이다. 그래서 동화선사에서 삭발한 제자들의 자(字)를 전부 '선호(善護)'라고 한 것이다.

- **선호념**

'선호념'의 '선(善)'은 '잘, 제대로, 충분히'라는 의미이다. '잘, 제대로, 충분히' 무엇을 하는가? 마음이 움직이고 말하고 행동하는 것을 잘 호위하며 지키는 것이다. 마음이 움직이고 말하고 행동하는 것을 지키지 못하는 사람은 진정한 부처님의

净心就培养不起来。

• 청정심

什么是清净心呢？不染为清，不乱为净，不染不乱的心就是清净心。为什么会染呢？你住在上面就染了，有所留恋就乱了。所以不染不乱就是清净心。当你的心清净了，就是《金刚经》上讲的最高境界——无所住而生其心。

• 상각무주

"常觉无住"是从《金刚经》的"应无所住而生其心"这句话演绎而来的。无所住的心就是常觉的心，你有一颗常觉的心，自然就达到了无所住。它们彼此之间是一种递进的关系：先看住自己的起心动念，然后才能达到清净心；有了清净心，才能达到常觉无住。

无住什么呢？无住烦恼，无住凡圣、功名利禄、财色

제자가 아니다. 또 자기의 생각을 잘 지키지 못하면 청정심을 기르지 못한다.

- **청정심**

  청정심은 무엇인가? 오염되지 않은 것을 '청'이라고 하고, 어지럽지 않은 것을 '정'이라고 하며, 오염도 되지 않고 어지럽지도 않은 마음을 '청정심'이라고 한다. 왜 오염이 되는가? 머무르면 오염이 되고, 미련이 남으면 어지러워진다. 그래서 오염도 안 되고 어지럽지도 않은 것을 청정심이라고 하는 것이다. 우리들의 마음이 청정할 때면, 『금강경』에서 말하는 최고의 경지, 즉 "머무르는 일(집착하는 일) 없이 생기는 마음(無所住而生其心)"이 되는 것이다.

- **상각무주**

  '상각무주'는 『금강경』에서 말한 "머무르는 일 없이 생기는 마음"에서 응용한 것이다. 머무르는 일 없는 마음은 항상 깨어있는 마음이다. 항상 깨어있는 마음이라면 당연히 머무르는 일이 없다. '깨어 있는 마음과 머무르는 마음'은 서로 갈마들며 나아가는 관계이다. 우선 자기의 마음이 움직이는 것을 지켜볼 때 비로소 청정심이 나타난다. 청정심이 있어야만 비로소 항상 깨어있는 마음이고 머무는 일이 없게 되는 것이다.

  '무주(无住)'는 무엇인가? 번뇌에도 머무르지 않고, 보통사람

名利、七情六欲……什么都无住了。为什么无住了？因为你有了常觉的心，你的觉性苏醒了，成片成势了，你才能无住。

　　为什么你能常觉呢？因为你有一颗清净的心啊。怎么才能获得清净心呢？你能时刻护住自己的念头，常觉不住，进而达到常觉无住，你的心就清净了。它们之间是一种相互的关系，互为因果，一个既是另一个的因，也是另一个的果。

2) 일하지 않으면 먹지 않는다

　　东华禅寺的定位是禅宗道场，寺院整体的硬件布局和功能都是按禅宗道场的特点和需求来设计的。

• 조사님들의 선종사상

　　当初禅宗的祖师在创立禅门家风的时候，就主张一日不作，一日不食，自给自足，自食其力。因此这也是我们东华禅寺的家风。

의 위치에도 또 성인의 위치에도 머무르지 않는다. 또 공명과 관록, 재물과 명예, 7정과 욕심 등등 아무것에도 머무르지 않는 것을 말한다. 왜 머무르지 않게 되는가? 항상 깨어있는 마음이 있어서, 항상 깨어있는 것이 일종의 추세가 되었기 때문에 머무르지 않게 되는 것이다.

어떻게 항상 깨어있을 수 있는가? 항상 청정한 마음을 간직하기 때문이다. 어떻게 하면 항상 청정심을 얻을 수 있는가? 항상 자기의 마음을 지키고, 항상 깨어있으면서 머무르지 않으면 마음이 청정하게 된다. 그것들은 서로 일종의 인과관계로 맺어진다. 하나는 또 다른 하나의 인이자 또 다른 하나의 과인 것이다.

2) 일하지 않으면 먹지 않는다

동화선사는 선종의 도량이므로, 사찰의 전체적인 하드웨어 배치와 기능은 선종 도량의 특징과 요구에 따라 설계되었다.

● **조사님들의 선종사상**

선종 조사님들께서 가풍을 세울 때 "하루 일하지 않으면 하루 먹지 않는다. 자급자족하고 자기의 힘으로 일해서 먹는다."라고 하셨다. 이것은 동화선사의 가풍이기도 하다.

现在社会上的人对我们出家人误解很大，认为出家人是寄生虫，不劳而获。不可否认，个别僧人的确是寄生虫，不劳而获，不劳作也吃饭，严重影响乃至破坏了我们佛教僧人的形象。但那只是个别的僧人、个别的现象。

如果你是真正的佛弟子，就必须继承祖师的思想。祖师制定的规矩就是一日不劳作，一日不吃饭。你只有劳作了，才有资格吃饭。

东华禅寺遵从祖训，农禅并重，要把外在的田地种好，也要把内在的心田种好。当我们把外在的田地种好了，内在的心田也种好了。所以我们主张在工作中修行，在修行中工作，把我们修行的功夫带到日常生活中，在行住坐卧中用功。

如果你贪图清净、贪图享受，就不要来东华禅寺常住，更不要来东华禅寺出家。我们东华禅寺的定位就是一个农禅并重的禅宗道场，不可能为了迁就你而把我们的定位改了。你要住在东华禅寺，就必须适应东华禅寺的定位和思想，否则你就走人。你想享清福、享清净，到其他寺庙去。

사람들은 출가한 스님들에 대해 큰 오해를 한다. 그들은 "출가한 스님들은 일하지 않고 얻어먹기만 하는 기생충"이라고 한다. 어떤 스님들은 확실히 일하기 싫어하고 얻어먹기만 하는 기생충이 되어서, 스님들의 이미지를 좀먹고 불교에 대한 이미지를 무너뜨린다. 하지만 그것은 개인적인 일탈이다.

진정한 부처님의 제자라면 반드시 조사님들의 "하루 일하지 않으면 하루 먹지 않는다."는 사상을 이어받아야 한다. 오직 노동을 해야만 밥 먹을 자격이 있는 것이다.

동화선사는 조사님들의 가르침대로 농업과 참선을 병행한다. 외부의 밭도 잘 가꾸고 내부의 마음 밭도 잘 가꾸는 것이다. 그러므로 우리는 일하면서 수행하고 수행하면서 일하며, 일상생활 속에서 수행하고 모든 시간과 일을 할 때도 다 수행을 해야 하는 것이다.

깨끗하고 조용한 것을 탐내고 누리는 것만 욕심내는 사람은 동화선사에 같이 살 수 없다. 더욱이 동화선사에서 삭발하며 스님이 될 수 없다. 왜냐하면 우리 동화선사는 이미 농업과 참선을 병행하는 선종의 도량으로 길을 정했기 때문이다. 동화선사에서 살고자 하면, 반드시 동화선사가 추구하는 선종의 사상을 따라야 한다. 만약 동화선사의 사상에 적응하지 못하고, 유유자적하며 깨끗하고 조용한 것만 즐긴다면 동화선사를 떠나 딴 곳으로 가야 한다.

• 일하는 데서 인품이 드러난다

如何看一个人的内心呢？就看他的工作、他的为人处事、他的言行举止。离开了为人处事、待人接物，就看不到我们的心。要想看到我们的心，就在我们的为人处事和待人接物中。

所谓作品即人品，我们的言行举止、为人处事就是我们内心世界的显现，把我们的内心世界体现得淋漓尽致，我们的素质、品质、品味、性格、能力等等，在我们的言行举止、为人处事中尽显无遗。

동화사 전원에서 농사짓는 스님과 제자들

- **일하는 데서 인품이 드러난다**

  몸 밖의 일을 잘하면 몸 안의 일도 잘할 수 있다. 또 내부의 일을 잘 하지 못하는 사람은 외부의 일도 잘하지 못한다. 사람의 속을 어떻게 들여다 볼 수 있는가? 사람의 역할을 하며 일을 할 때의 행동에서 볼 수 있다. 이런 것을 떠나서 어떻게 사람의 마음을 들여다 볼 수 있겠는가?

  작품에서 인품이 드러나듯이, 우리들의 언행과 사람역할 하고 일처리 하는 과정에서 각자의 내심세계가 드러난다. 사람역할 하고 일처리 하는 방식에서 내심세계의 자질, 품질, 품위, 성격 능력 등이 가감 없이 표현되는 것이다.

3) 사람을 근본으로 한다

　　佛教传入中国后，经历了山林佛教和人间佛教的传播模式。时至今日我提倡，包括未来也提倡"人本佛教，佛教人本"，这才是佛教未来的传播模式。不知道大家怎么理解这八个字，怎么理解"以人为本"？以人为本具体体现在哪里？它肯定要有一个体现的方式，世间万物都必须通过一个载体、一个渠道传播给大家。

● 사람을 존중해서 영성을 높인다

　　以人为本的具体体现就是：在尊重人、包容人、服务人、理解人的基础上，以提升众生的灵性与生命品质为原则和目标。

　　如果你说你以人为本，但你不尊重人、不包容人、不理解人，不为人服务，而是为佛服务，为法服务，怎么证明你是以人为本呢？

　　真正以人为本的精神就是菩萨的精神，菩萨的确是做到了以人为本，因为菩萨把自己完全奉献给了众生，他们所想都是为众生而想，所做都是为众生而做，真正体现了佛教以人为本的精神。

3) 사람을 근본으로 한다

중국에 불교가 전파되었을 때, 산속에서 전파하는 불교와 인간세상에서 전파되는 불교로 나뉘었다. 나는 초지일관 계속하여 "인본불교(人本佛教), 불교인본(佛教人本)"을 제창하고 전파하였다. 이 여덟 글자를 어떻게 이해하고, 또 "사람을 근본으로 한다(以人爲本)"는 말을 어떻게 이해하는가? "사람을 근본으로 한다"고 하면 구체적으로 어디에서 체현되는가?

그것은 반드시 어떤 방식으로 표현되어야 하는데, 세간의 만사만물은 그 어떤 통일체와 채널로 전파되기 때문이다.

- **사람을 존중해서 영성을 높인다**

"사람을 근본으로 한다"는 구체적으로 아래와 같이 체현된다. 사람을 존중하고 포용하고 봉사하고 이해하는 것을 기초로 해서, 중생들의 영성(靈性)과 생명의 질을 높이는 것을 원칙과 목표로 하는 것이다.

"사람을 근본으로 한다."고 했는데, 사람을 존중하지 않고, 이해하고 포용할 수 없으며, 중생과 부처님과 불법을 위하여 봉사할 수 없다면, 어떻게 "사람을 근본으로 한다."는 것을 증명할 수 있겠는가? "사람을 근본으로 한다."는 정신은 부처님 보살님의 정신이다. 부처님 보살님들은 중생들을 위하여 생각하고 일하고 봉사하고 이바지하기 때문에, 부처님 보살님들은 "사람을 근본으로 한다"는 정신을 현실에서 구현한 것이다.

- 보리심을 실천한다

　二、为众生提供与时俱进、便于践行、便于领悟的开悟途径，带领众生深入践行佛的思想——菩提心。

　一个修行人把自己的身口意净化了，就净化了社会。大家不是想为社会作贡献吗？说小一点，你来到东华禅寺，不是想为东华禅寺作奉献吗？你把你的身、口、意管住了，把你的身、口、意净化了，自然就为东华禅寺作贡献了，自然就为社会、为众生作贡献了。

　你我他是构成社会的最基本因素，东华禅寺的存在也是因为有了你我他。没有你我他，怎么会有东华禅寺呢？没有你我他，怎么会有这个社会、这个国家呢？

　所以要想净化社会，先净化你的内心，端正你的思想。你把自己管好了，社会就好了。如果你只把他人管好了，自己没有管好，社会还是不会好。谁是社会？你就是社会。你既是社会的一部分，又是社会的整体。所以看社会就是看社会的公民，抛开了社会的公民，怎么看社会呢？

- 보리심을 실천한다

　중생들에게 시대에 맞게 실천하고 깨달을 수 있는 길을 제공하고, 부처님 최고경지의 보리심을 실천하도록 이끌어 준다.

　수행자가 자기의 몸과 마음을 정화할 수 있다면 사회도 정화할 수 있다. 사회를 위하여 봉사하고 동화선사를 위하여 봉사하고 싶다면, 자기의 몸과 마음부터 단속하고 관리하고 정화하여야 한다. 그래야만 동화선사에도 봉사하고, 사회를 위해서도, 중생을 위해서도 봉사할 수 있다.

　너와 나 그리고 주변 사람들은 사회의 가장 기본적인 요소이다. 동화선사도 너와 나 주변 사람들이 있기 때문에 존재한다. 너와 나 주변 사람들이 없다면 어떻게 동화선사가 있고 사회가 있고 나라가 있을 수 있는가?

　그러므로 사회를 정화하려면 우선 자신의 내심세계부터 정화하고 생각을 단정하게 하여야 한다. 자신을 잘 관리하면 사회도 좋아진다. 남을 잘 관리하더라도, 자기 자신을 관리하지 못하면 사회는 좋아질 수 없다. 무엇이 사회인가? 우리 모두가 사회의 일부분이자 사회의 모든 것이다. 그러므로 사회를 보려면 국민들의 자질을 보아야 한다. 국민을 떠나서 어떻게 사회를 보겠는가?

在三圣洞闭关期间，我逐渐形成了"人本佛教"的思想。1999年我悟到了一个理念，并把它总结成一句话——"欲修佛道，先行人道，人道修好，佛道自成"。

因为无论是修人道，还是修佛道，都要在人间修炼，佛法在世间，不离世间觉。2000年出关时，我把这句话写在了《闭关纪实》上。

为了落实以人为本的佛教，2002年我又提出了"安分守己，各尽其职，以人为本，借事炼心"的理念，把它作为践行"人本佛教"理念的具体原则和方法。

삼성동에서 폐관하는 동안 점차적으로 '인본불교'라는 사상이 형성되었다. 1999년에 "불도를 닦으려면 인도부터 닦아야 하고, 인도를 잘 닦으면 불도는 저절로 완성할 수 있다."는 생각을 깨달았다. 사람의 도를 닦든 부처님의 도를 닦든, 다 인간세상에서 닦아야 하는 것이다.

불법은 인간세상에 있다. 그래서 세간의 깨달음을 떠날 수 없다. 그래서 2000년에 무문관을 출관할 때 "불도를 닦으려면 사람의 도부터 닦고, 사람의 도를 잘 닦으면 저절로 부처님의 도를 완성할 수 있다"는 이념을 『마음의 달1』에 적어 넣었다.

사람이 근본이고 우선인 불교를 실천하기 위하여, 2002년에 또다시 "분수에 만족하고 본분을 지키며(安分守己)/ 각자 맡은 바 직무에 충실하고(各盡其職). 사람을 근본으로 하고(以人爲本) 일을 통해서 마음을 연마한다(借事練心)"는 이념을 '인본불교'를 실천하는 구체적인 원칙과 방법으로 삼은 것이다.

4) 동화선사의 가풍(東華家風)

> 东华禅寺的家风——信教先爱国，学佛先做人，修道先发心

这三句话是在1999年的一天，我在静坐时脑子里突然冒出来的。2000年出关之后，我把它作为东华家风写进书里。之后又刻成了碑，贴在我们家风广场的那面墙上。

有一个信徒跟我说："师父啊，我是学佛的，国家跟我没有关系，佛教是没有国界的。"没错，佛教是思想、是艺术、是文化，它是没有国界的。但是，你不仅是一个教徒，你更是一个公民，一个中国公民，你心中必须有祖国，有祖国就有国界，就必须有爱国情怀。

• 오계십선의 준수

"学佛先做人"，做人的具体标准是什么呢？就是遵循我们佛门所说的五戒十善。

4) 동화선사의 가풍(東華家風)

"불교를 믿으려면 먼저 나라를 사랑하고, 부처님을 배우려면 먼저 사람노릇부터 하고, 도를 수련하려면 발심부터 해야 한다."

1999년 참선할 때 갑자기 이 세 마디 말이 뇌리를 스쳤다. 2000년에 출관한 다음 그것을 문자로 적고, 그 후 비석에 새겨서 '동화가풍 광장'의 벽에 세웠다.

어떤 사람이 "큰스님! 저도 불교를 배우는 사람입니다. 제 생각에는, 나라는 저와 별관계가 없고 불교는 국경이 없습니다."라고 한다. 틀린 말은 아니다. 물론 불교는 사상이고 예술이고 문화이므로 국경이 없다. 하지만 우리는 불교신도이면서 동시에 나라의 국민이다(나라가 없다면 국방과 치안이 불안해서 스님생활을 할 수 없는 것이다). 나라의 국민이라면 마음속에는 조국이 있을 것이다. 조국이 있으면 반드시 국경선이 있고 애국심이 있기 마련이다.

• **오계십선의 준수**

"부처님공부를 하려면 우선 사람의 일부터 해야 한다."에서, '사람의 일 또는 사람의 역할'에 대한 구체적 기준은 무엇인가? 우리 불문에서 가르치는 대로 '오계십선'을 준수해야 하는 것이다.

五戒是：不杀生，不偷盗，不邪淫，不妄语，不饮酒。

十善是：一不杀生，二不偷盗，三不邪淫，四不妄言，五不绮语，六不两舌，七不恶口，八不悭贪，九不嗔恚，十不邪见。

一个佛教徒把五戒十善守好了，就说明他把根本抓住了。至于其他的轻戒，它破坏不了我们的菩提心。如果五戒十善你没有守好，它就会破坏你的菩提心。

所以看一个修行人，要先看他有没有把五戒十善做到位。如果一个人连五戒十善都做不好，他说他能守其他的轻戒，那是自欺欺人。

'오계(五戒)'는,

"① 살생하지 않고(불살생:不殺生), ② 도둑질하지 않고(불투도:不偸盜), ③ 음탕하지 않고(불사음:不邪淫), ④ 함부로 말하지 않고(불망어:不妄語), ⑤ 술을 마시지 않는다(불음주:不飮酒)"는 다섯 가지 계율이다.

'십선(十善)'은,

"① 불살생, ② 불투도, ③ 불사음, ④ 불망어, ⑤ 현란한 말을 하지 않음(불기어:不綺語), ⑥ 이간질 하는 말을 하지 않음(불양설:不兩舌), ⑦ 험담을 하지 않음(불악구:不惡口), ⑧ 욕심을 부리지 않음(불탐욕:不貪欲), ⑨ 성을 내지 않음(불진에:不嗔恚), ⑩ 그릇된 견해를 가지지 않음(불사견:不邪見)"의 열 가지 선행이다.

불교신도로서 '오계십선'을 지키는 것은 기본이다. 다른 계율은 어기더라도 우리들의 보리심이 무너지지 않을 수 있다. 하지만 오계십선을 준수하지 않으면 우리들의 보리심이 바로 무너지는 것이다.

그러므로 수행자들은 우선 오계십선을 지키고 있는가를 살펴보아야한다. 오계십선도 지키지 못하면서 다른 계율을 준수한다는 말은 자신을 속이는 짓이다.

- **발심이 시작이다**

　"修道先发心"，这个发心指的是把自己的一生奉献给自己的信仰，奉献给自己的祖国，把自己的凡夫心转化为圣人心，就相当于世间人说的立了志向。

　从此以后，表面上看你还是一个凡夫俗子，但你的心已经是一颗菩萨的心。修行必须先发心，只有发了菩提心，以菩萨的标准、圣人的标准来要求自己，你才可能超越，才可能解脱，才可能开智慧，否则你是无法成长的，更无法成就。

　为什么有些人学佛多年，始终没有成长呢？因为他没有真正地发心，没有把他的心放到一定的高度，他的心整天都放在凡夫的世界里，与烦恼为伍，怎么会成长、怎么会超越烦恼、怎么会解脱呢？你把心提高了，自然就超越烦恼，自然就解脱了。

- 발심이 시작이다

"도를 수련하려면 발심부터 해야 한다"에서 말한 '발심'은, 자기의 일생을 전부 자기의 신앙과 조국에 바치고, 보통사람이라고 생각하는 마음을 성인의 마음으로 바꾸는 것이다. 다시 말해서 세상 사람들이 말하는 '뜻을 세우는 것'이다.

발심한 사람의 겉보기는 보통사람과 다름없지만, 마음은 이미 보살의 마음이 되었다. 그러므로 수행하려면 반드시 발심부터 해야 하는 것이다. 보리심을 발심해야만 보살의 기준으로 수행할 것을 자기에게 요구하고, 성인의 기준으로 수행할 것을 자신에게 요구할 수 있으며, 비로소 해탈할 수 있고 지혜문도 열 수 있다. 발심이 없으면 성장할 수 없고 성취할 수도 없는 것이다.

부처가 되려고 공부를 한지 몇 년이 되어도 성장할 수 없는 이유는 무엇인가? 그들의 발심이 진정한 발심이 아니어서, 마음을 높은 수준으로 두지 않은 것이다. 그래서 보통사람처럼 번뇌 속에서 살기 때문에 성장하지 못하고, 번뇌를 초월해서 해탈할 수 없는 것이다. 마음을 높은 수준으로 두어야만 번뇌를 초월하고 해탈할 수 있다.

4. 동화선 요약

1) 동화선의 기원과 사상

"东华禅"源于释迦牟尼佛的思想——以人为本（尊重人、包容人、服务人、理解人），众生平等，以做人为基础，以成佛为目标。

"东华禅"源于祖师禅的手法——不怕妄念起，只怕觉知迟，在行住坐卧中培养觉知，成为觉知，运用觉知。

"东华禅"以人为本，借事炼心，觉悟人生，奉献人生。目的是落实佛教人间化，开创人间净土，成就人间菩萨。

"东华禅"将信仰落实于生活中，将修行落实于当下，将佛法融入世间，将个人融入大众，在工作中修行，在修行中工作，在尽责中修福报，在觉照中修智慧，在奉献中修解脱。

4. 동화선 요약

1) 동화선의 기원과 사상

'동화선'은 석가모니 부처님사상에서 기원을 둔다. 사람을 근본으로 하면서 즉 사람을 존중하고 포용하며 봉사하고 이해하는 것이다. 모든 생명은 평등하고, 사람 역할을 하는 기초 위에서 성불하는 것을 목표로 한다.

'동화선'은 조사선(祖師禪)의 수련방법에서 유래되었다. 망념이 일어나는 것을 두려워하지 말고, 오히려 늦게 각지를 하는 것을 두려워하는 것이다. 일상생활의 모든 상태에서 각지를 기르고, 이를 통해 자신이 각지가 되어, 각지를 운용하는 것이다.

'동화선'은 사람을 근본으로 하고, 일을 통해서 마음을 연마하고, 인생을 깨닫고 인생에 봉사한다. 그 목적은 불교의 인간 세상화를 실천하고, 인간 세상에 불국정토를 세우면서, 인간으로 살면서 부처님 보살님이 되는 것이다.

'동화선'은 신앙을 일상생활에서 실천하고, 수행을 현재에 적용하며, 불법을 인간세상에 융합하고, 개인을 대중 속에 융합시키며, 일하면서 수행하고 수행하면서 일하며, 책임을 다 하는데서 복을 닦고, 각조를 유지하는데서 지혜를 닦으며, 봉사하는 가운데서 해탈을 찾는다.

"东华禅"首发心，重修证，满行愿——发四无量心，修四摄六度，行十大愿王。虚空有尽，行愿无穷。

2) 동화선의 수련방법

　　"东华禅"功法：目前无法意目前，闭目开眼往前看，有眼无珠人不识，一目了然观大千，剔目瞠眉黑变白，绵密不绝，能所脱空知已灭，原来家风依旧——学佛做人，做人学佛。

3) 동화선 심법과 필독경전

　　"东华禅"心法：善护念，清净心，常觉无住。

　　学修"东华禅"必读的经论：《普贤菩萨行愿品》《圆觉经》《维摩诘经》《心经》《六祖坛经》《金刚经》《楞严经》《楞伽经》，以及龙树菩萨的六论——

'동화선'은 발심부터 해야 하고, 실증을 중시하며, 행원을 원만하게 한다. 즉 사무량심을 발원하고, 사섭육도를 닦으며, 십대원왕을 행한다. 허공은 끝이 있어도 행원은 무궁한 것이다.

2) 동화선의 수련방법

당장에는 볼 수 있는 방법이 없으나 의식을 눈앞에 두고/ 두 눈을 감고 지혜의 눈으로 앞을 내다보라/ 눈동자가 없어서 볼 수가 없지만/ 일목요연해져서 대천세계를 한눈에 다 보네/ 지혜의 눈으로 집중해서 앞을 내다보면 검은 것이 흰 것으로 되며/ 면밀하게 끊임없이 이어지네/ 닦으려는 마음이나 닦아진 마음이 모두 비워지며 각지조차 없어지지만/ 원래의 가풍은 그대로이네/ 부처가 되는 공부는 사람부터 되어야 하고/ 사람이 되면 부처가 되는 공부를 하는 것이라네.

3) 동화선 심법과 필독경전

심법 : 선호념, 청정심, 상각무주.
동화선을 배우고 수련하면서 아래와 같은 경전을 필독해야 한다. 바로 『보현보살 행원품』, 『원각경』, 『유마힐 경』, 『심경』, 『육조단경』, 『금강경』, 『능엄경』, 『능가경』과 용수보살 6론

《中观论》《精研论》《回诤论》《七十空性论》《六十正理论》《宝鬘论》。

4) 네 가지 관계의 화합

通过学修"东华禅"的精神,融通人生的四大关系:我与家庭的关系,我与社会的关系,我与国家的关系,我与自然的关系。

5) 동화가풍

东华家风:信教先爱国,学佛先做人,修道先发心;对佛要虔诚,对国要忠诚,对人要真诚。

인『중관론』,『정연론』,『회쟁론』,『칠십공성론』,『육십정리론』,『보만론』이다.

4) 네 가지 관계의 화합

"동화선"을 배우고 수련하면서 인생의 가장 큰 네 가지 관계를 화합하여야 한다.
① 나와 가족과의 관계
② 나와 사회와의 관계
③ 나와 국가의 관계
④ 나와 자연의 관계

5) 동화가풍

① 불교를 믿으려면 우선 나라부터 사랑하고
② 부처님을 배우려면 사람노릇부터 해야 하고
③ 도를 수련하려면 발심부터 해야 한다.

그러므로 부처님에 대하여 경건해야 하고, 국가에 대하여는 충성해야 하며, 사람을 대할 때는 진실해야 한다.

2장. 坐应该掌握的三个基本方法

调姿势、调呼吸、调意念

2장 좌선에서 지켜야 할 세 가지

자세를 조절하고(調姿勢)

호흡을 조절하고(調呼吸)

의식을 조절한다(調意念)

1. 调姿势

> 打坐用功不外乎三个要素：一调姿势，二调呼吸，三调意念。无论哪宗哪派，静坐调姿势、调呼吸都一样，只有在调意念，也就是处理妄心、散乱心的时候才有差别。

1. 자세조절

좌선하면서 알아야 할 방법은 세 가지뿐이다. 자세를 조절하고 호흡을 조절하고 의식을 조절하는 것이다. 어떤 종파든지 좌선할 때 자세를 조절하고 호흡 조절하는 방법은 다 같다. 다만 의식을 조절하는 방법, 즉 망념을 처리하고 산만해진 마음을 처리하는 방법만 조금 다르다.

1) 가부좌와 꼬리뼈

• **가부좌와 임맥 독맥 중맥**

　　打坐的姿势很重要，打坐的姿势正确，呼吸就顺畅，身体就越坐越轻松。打坐的姿势有三种：散盘、单盘和双盘。

　　为什么要盘腿呢？盘腿的时候，我们的身体呈三角形，像一座金字塔。三角形具有稳定性，还有发射和接受信息与能量的功能。至于采用哪种姿势，要看每个人的基础。

　　出家人不能散盘，最低也要单盘。如果出家的时间久，一定要双盘，不双盘，禅定功夫很难提升，肉身也很难转变。要想转变肉身，把肉身留下，除了盘腿，尤其是双盘之外，心态的转变也是非常重要的。

　　当然，历史上也有不通过盘腿，把肉身留下来的人，但这样的人数千年来寥寥无几。所以，在没有降伏你的心灵之前，先降伏你的双腿。

1) 가부좌와 꼬리뼈

• **가부좌와 임맥 독맥 중맥**

좌선할 때 자세는 아주 중요하다. 자세가 정확하면, 호흡도 순조롭고 앉을수록 몸이 가벼워진다. 좌선하는 자세는 산가부좌(산반:散盤), 단가부좌(단반:單盤), 완전가부좌(쌍반:雙盤)의 세 가지 종류가 있다.

왜 가부좌를 하는가? 가부좌를 하고 앉으면, 몸이 피라미드 형태가 되면서 아주 안정적이다. 뿐만 아니라 이런 자세는 정보를 내보내고 받아들이는 기능이 있다. 세 가지 가부좌 자세 중에서 각자의 편리에 따라 결정한다.

출가한 스님들은 적어도 단가부좌를 해야 하고 산가부좌를 하면 안 된다. 또 출가한 시간이 오래된 스님들은 반드시 완전가부좌를 해야 한다. 완전가부좌를 하지 않으면 선정(禪定)에 깊이 들어갈 수 없고 환골탈태도 되지 않는다. 만약 몸을 변화시키고 썩지 않는 몸을 남기고자 하면, 반드시 완전가부좌를 하는 동시에 마음가짐도 바꾸어야 한다.

물론 가부좌 수행 없이도 썩지 않은 몸을 남긴 사람도 있지만, 몇 천 년에 한 번 나올 정도로 매우 드물다. 그러므로 마음을 다스리기 전에 두 다리부터 다스려야 하는 것이다.

- **쿠션과 꼬리뼈**

　无论你是散盘、单盘还是双盘，臀下一定要垫一个2寸厚的坐垫，刚学盘腿时可以垫更高一些。为什么垫高这么重要呢？若不垫高，大腿和上半身之间就成了九十度，双脚盘麻之后，气血会堵在尾巴骨，上不去，肚子就容易挺起来，对人的健康长寿会有影响。

　如果垫高2～3寸，身体自然就往前倾，重心就落在两个膝盖上，尾闾就悬空了，这时候前面的气就容易降下来，脚底和小腿产生的能量和气血就容易通过尾闾、脊柱、脖子，上升到头部。头部得到充足的氧气就不会缺氧，脑细胞存活的时间就可以延长，从而达到健康长寿的目的。

　与思维都是超常的。气脉畅通与否，与坐姿有很大关系。

● 쿠션과 꼬리뼈

　　단가부좌든 완전가부좌든, 좌선할 때는 반드시 엉덩이 밑에 자기 손가락 2마디쯤 되는 쿠션(받침대)을 깔고 앉아야 한다. 좌선을 처음 배우는 사람의 쿠션은 좀 더 높아도 된다. 왜 쿠션을 깔고 앉아야 하는가? 쿠션을 깔지 않으면 넓적다리와 상반신의 각도가 90도에 가깝게 된다. 그러면 다리가 저리고, 꼬리뼈에 막혀서 기혈이 위로 오르지 못하고, 배가 앞으로 내밀어진다. 이런 상태가 계속되면 건강에도 영향이 있고 장수하지 못한다.

　　만약 2~3마디 되는 쿠션을 깔고 앉으면, 상체가 자연스레 앞으로 기울어지고, 몸의 무게중심이 두 무릎 위에 놓이며, 꼬리뼈가 공중에 떠 있는 상태가 된다.

　　이렇게 되면 몸 앞의 기운이 임맥을 따라 쉽게 아래로 내려가고, 발바닥과 종아리에서 에너지가 생기며, 아래로 내려온 기운이 독맥을 따라 쉽게 등허리와 목덜미를 타고 정수리까지 오르게 된다. 두뇌가 충분한 산소공급을 받게 되므로, 뇌세포가 생존하는 시간이 길어지고 건강하고 장수하려는 목적을 달성할 수 있게 된다.

- **완전가부좌**

> 我们体内的三条大脉——任脉、督脉和中脉很重要。当身体往前倾时，尾巴骨悬空，任督二脉就容易畅通，中脉也会随之畅通。开悟的人，中脉一定是畅通的。但中脉畅通的人不一定开悟。有一点可以肯定，中脉畅通的人，记忆力

산가부좌(산반:散盤)

단가부좌(단반:單盤)

- **완전가부좌**

　사람의 몸에는 임맥 독맥 중맥의 세 갈래 큰 맥이 있는데 아주 중요하다. 몸을 앞으로 기울여 앉으면, 꼬리뼈가 공중에 떠 있는 상태가 되면서 임맥과 독맥이 자연스럽게 통한다. 깨달은 사람은 중맥이 잘 통하지만, 중맥이 잘 통한다고 해서 반드시 깨달음을 얻는 것은 아니다. 한 가지 확실한 것은 중맥이 잘 통하는 사람은 기억력과 생각이 아주 뛰어나다는 것이다. 기맥이 통하고 안통하고는 앉은 자세와 밀접한 관계가 있다.

완전가부좌(쌍반:雙盤)

　좌선할 때 자세는 아주 중요하다. 자세가 정확하면, 호흡도 순조롭고 앉을수록 몸이 가벼워진다. 좌선하는 자세는 산가부좌(산반:散盤), 단가부좌(단반:單盤), 완전가부좌(쌍반:雙盤)의 세 가지 종류가 있다.

2) 몸의 이완과 야불도단

● 어깨와 턱의 자세

  腿盘好之后，肩膀要有意识地往下沉，绝对不能耸肩，肩膀耸起来说明气没有沉下去。肩膀往下沉时，说明气也沉下来了。接着脖子稍微往上伸，下巴往回收，只要有这个意识就行了。

  为什么要这样做呢？你们自己感受一下，这样做之后，背后会有一股牵引的力量，也是协助的力量往上升，同时中脉有一种往上拉的感觉，这时候妄念就会减少。相对而言，背后的气血容易往上升，前面的气血容易往下降。如果坐姿正确，意念处理得当，从后背上升的气血就容易从前胸下降。所以盘腿的时候，要有意识地让身体放松。

● 손의 자세와 위치

  双手可以掌心朝上，分别放在两个膝盖上；或者掌心朝下放在膝盖上；或者双手上下相叠，两个拇指尖相触，放在肚脐眼下方（此为金刚降魔印）。

  身体气血的运行是从左到右，再从右到左，所以双手相触容易达到阴阳平衡。

2) 몸의 이완과 야불도단

- **어깨와 턱의 자세**

  가부좌를 한 다음에, 의식적으로 어깨를 아래로 가라앉혀야지 어깨를 올리면 절대 안 된다. 어깨가 올라가면 기가 가라앉지 못하고, 어깨가 가라앉으면 기가 가라앉는다. 그저 목을 위로 쑥 빼고 아래턱은 안으로 거둔다는 생각이면 된다.

  왜 이렇게 해야 하는가? 여러분이 한번 느껴보라. 이렇게 하면 위로 당기는 한 가닥의 힘이 등줄기에 생긴다. 그 힘과 협조하여 위로 상승시키면, 위로 당기는 느낌이 중맥에 생기고 망념이 줄어든다. 즉 등줄기의 기가 쉽게 위로 상승하고, 몸 앞의 기는 쉽게 아래로 하강한다. 만약 앉은 자세가 바르고 생각을 적절하게 처리하면, 등 뒤로 정수리까지 오른 기혈이 미간을 거쳐 앞가슴으로 쉽게 하강한다. 그러므로 가부좌를 할 때 의식적으로 몸과 마음을 이완해야 한다.

- **손의 자세와 위치**

  두 손바닥을 위로 향하게 해서 양쪽 무릎 위에 놓는다. 혹은 손바닥을 아래로 향하게 해서 무릎 위에 놓기도 하고, 또 두 손을 서로 깍지 끼게 하고 엄지손가락 끝만 마주치게 한 뒤에 배꼽아래에 놓는다. 이 마지막 자세가 '금강 항마인'이다.

  기혈의 흐름은 몸의 왼쪽에서 오른쪽으로 운행한 뒤에 다시 오른쪽에서 왼쪽으로 운행한다. 그러므로 두 손을 서로 맞물리

打坐最忌讳的是身体向两边歪，宁可向前弯，也不能左右歪。所以打瞌睡时只能向前弯，不要向左右歪。

● 야불도단(夜不倒單)

练夜不倒单，犯困的时候，可以把棉被卷起来放在腿上，趴在上面睡。只要这样练习半年，任督二脉就会畅通，生理欲望的问题就可以减少。因为这样一趴，肚子被挤压，臀部往上翘，气血自然从前面透过尾闾穴往上升，从而达到还精补脑的效果。脑袋有了充足的氧气，睡眠时间自然减少。

出家人在某个阶段必须练习夜不倒单，犯困的时候，就像刚才所说，把棉被卷着趴在上面睡。尤其是年轻的和尚，这个动作是必须练习的。

면 음양이 쉽게 평형을 이루는 것이다.

좌선하면서 몸이 이쪽저쪽으로 비뚤어지는 것을 가장 꺼린다. 앞으로 기울어질지언정 왼쪽이나 오른쪽으로 비뚤어지면 안 된다. 졸음이 올 때도 앞으로 구부리며 조는 한이 있어도 좌우로 비뚤어지면 안 된다.

- **야불도단(夜不倒單)**

야불도단(밤에도 눕지 않음)을 훈련할 때, 잠이 오면 솜이불을 둘둘 말아 무릎 위에 놓고 그 위에 엎드려 자면 된다. 이렇게 반년만 수련하면 임맥과 독맥이 통하게 되고 잠을 자야겠다는 생리적 욕구도 줄어든다.

이불에 엎드리면 배가 눌리게 되고 엉덩이는 위로 치켜들게 된다. 그러면 기혈이 앞쪽에서 미려혈을 통해 등 뒤로 상승해서 두뇌에 기운을 주므로 환정보뇌(還精補腦)가 된다. 환정보뇌가 되어서 두뇌에 산소공급이 충분해지면 피곤이 없어져서 잠을 줄일 수가 있다.

출가한 사람들은 일정한 단계에 이르면 반드시 야불도단을 수련해야 한다. 졸음이 오면 이불을 둘둘 감아 놓고 그 위에 엎드려 잔다. 특히 젊은 스님들은 반드시 이 동작을 연습해야 한다.

2. 调呼吸

1) 탁기의 처리

● 탁기부터 몰아낸다

　　调呼吸也称调息。只要盘腿就必须往外呼气，而且必须呼尽，让小腹自然收缩。吸气则要吸满，沉入丹田，让小腹自然鼓起。每次都要这样深呼深吸3～5口气。

　　否则，等两边肋骨开始疼痛，胸部开始发闷，头脑发胀、眩晕等，再做深呼吸已经来不及了。

　　上焦和中焦之所以会出现问题，就是因为呼吸没有调节好。气从头上出不去没有问题，只要让它从嘴巴泄掉，上焦和中焦就不会出现胸闷或牙痛等问题。

　　当我们盘腿打坐时，整个身体的气是封闭的，头顶这扇先天的门没有打开，又不让气从半路泄掉，时间久了就会出现头痛胸闷的情况。

2. 호흡을 조절한다

1) 탁기의 처리

- **탁기부터 몰아낸다**

　가부좌를 하고 좌선을 시작할 때, 곧바로 몸 안에 남아있는 탁기를 입으로 '후~'하고 모두 밖으로 내보내야 한다. 그러면 아랫배가 수축된다. 배에 탁기가 없어진 것이다. 그 다음은 배가 부풀어 오를 때까지 코로 흠뻑 숨을 들이마셔서 단전에 가라앉힌다. 좌선을 시작할 때마다 코로 흠뻑 들이쉬고 입으로 숨을 크게 내쉬고를 3~5번해야 한다.

　그렇게 하지 않으면, 남아있는 탁기 때문에 갈비뼈 부위가 아프면서 가슴이 답답해지고 머리도 어질어질해진다. 이때 가서 부랴부랴 심호흡을 해도 소용이 없다.

　상초(上焦)와 중초(中焦)에 문제가 생기는 것은 호흡조절을 제대로 못했기 때문이다. 기가 백회를 통해 나가지 못하는 것은 문제가 되지 않지만, 입을 통해 탁기가 나가야만 상초와 중초에서 생기는 가슴 답답함과 치통의 문제들이 생기지 않는다.

　가부좌를 하고 앉으면 몸이 외부와 막힌 상태가 된다. 백회(선천의 문)가 밖으로 열리지 않았을 뿐만 아니라, 기맥을 흐르는 중간에서 기가 빠져나가지 못하는 상태이므로, 시간이 지날수록 두통이 생기고 가슴도 답답해진다.

- **탁기가 생기면 언제든 바로 몰아낸다**

　　如果气往上冲得厉害但又出不去，在打坐的过程中可以用鼻子吸气，嘴巴呼气。无论有没有问题，只要一上座，都要把深呼深吸变成习惯性的动作。

　　年轻人气血比较足，力量上来后，头顶的盖子打不开，出不去，耳朵就会疼痛，鼻子会流血，眼睛会充血。在顶盖要打开未打开的时候，眼睛、鼻子、牙齿都会出问题。

　　面对这样的状况，你不要紧张，也不必害怕。这时候吃点药会减轻一点，不吃药就严重一点。如果懂得协调就不需要吃药，只要不断地往外呼气，让它从半路泄掉就好了。不懂协调的人，这种情况就会持续。

　　我们每天晚上共修打坐念三字明，也是在训练深呼深吸，也是为了蓄积身体的能量，让能量往上走。

- **탁기가 생기면 언제든 바로 몰아낸다**

    만약 기가 위로 올라가 치받는데 못 빠져나가면, 좌선하는 중이라도 코로 숨을 들이마시고 입으로 숨을 내쉬어서 탁기를 몰아내야 한다. 그러므로 문제가 있든 없든 간에, 가부좌를 하고 좌선을 할 때면, 곧바로 심호흡을 해서 탁기를 몰아내는 것이 습관이 되어야 한다.

    젊은이들은 비교적 기혈이 충분하다. 기혈이 올라갔는데 백회가 열리지 않아서 기가 밖으로 빠져 나가지 못하는 상황이면, 귀도 아프고 코피도 날 것이고 눈에 충혈도 될 것이다. 정수리의 백회가 때맞춰 열리지 않으면 눈 코 치아 등에 다 문제가 생기는 것이다.

    이런 상황에 닥치면 긴장하지 말고 무서워도 하지 말아야 한다. 이때는 약을 먹으면 훨씬 나아진다. 만약 조절할 줄 알면 약을 먹지 않아도 된다. 그저 계속해서 밖으로 숨을 내쉬어 기운을 중간에서 흘려보내기만 하면 된다. 조절할 줄 모르면 이런 상황이 계속된다.

    우리가 매일 저녁 함께 명상하고 '삼자명'을 염송하는 것은 심호흡을 하는 훈련이기도 하며, 또한 몸의 에너지를 축적하고 그 에너지가 위로 올라가도록 하기 위한 것이다.

2) 길상와의 묘용

　　另外，大家必须坚持练习吉祥卧，尤其是男出家众，如果不长期练习，养成习惯，人是管不住自己的。吉祥卧正好把身体折叠起来，能量无法往下走，自然从后背往上升。盘腿和不倒单，能量也是从后背往上升。

　　如果你很努力，会用心捕捉这个方法，只要三五年就能解决生死大事！过去我们求法是多么心切、多么艰难啊！为什么过去的人得到这个方法就成就，而现在的人得到这个方法却不成就呢？因为愿望和想法太多了，学佛修道不是唯一的愿望。

2) 길상와의 묘용

　수행자들은 반드시 길상와(吉祥臥)를 연습하고 또 늘 수련해야 한다. 특히 출가한 비구들은 길상와 수련을 습관화 하지 않으면 자기를 통제하지 못한다. 길상와를 하면 몸을 접는 형태가 되어서, 에너지가 아래로 내려가지 않고 등 뒤로 해서 위로 오르게 된다. 또 가부좌 자세와 야불도단 자세도 에너지가 등을 타고 위로 오르게 한다.

　만약 여러분이 이 방법을 잘 알고 실천하면서 열심히 노력한다면, 3~5년 안에 생사해탈의 큰일을 해결할 수 있다. 과거 우리들은 얼마나 간절하고 힘들게 이 방법을 구하였는가! 그런데 과거 사람들은 이 방법을 얻으면 득도하였는데, 현재 사람들은 이 방법을 얻고도 성취하지 못한다. 부처가 되기를 배우고 도를 닦는 것이 유일한 소망이 아니고, 생각하고 소망하는 것이 너무 많기 때문이다.

3. 调意念

1) 의식과 기의 흐름

- **100일씩의 단전관상**

    紧贴着脊柱的是我们的中脉，也叫冲脉。你眼前放不放光，就看你的能量有没有进入中脉。如果进入了中脉，无论白天黑夜，眼前一定是光亮的。当力量进入中脉之后，一定会从头上出去。

    一个人能否成就，任督二脉和中脉起着很大的作用。所以密宗说要修气脉和明点。
    如何修呢？把意念守在上丹田、中丹田或下丹田。守下丹田的目的是把气沉到一处，守100天后再挪到中丹田——膻中穴，在中丹田守100天后又挪到上丹田。

    按古人的做法，下丹田、中丹田和上丹田分别守100天，三个100天后必然出去。

3. 의식을 조절한다

1) 의식과 기의 흐름

• **100일씩의 단전관상**

　척추에 바짝 붙어있는 맥이 중맥(中脈)이다. 또한 충맥(沖脈)이라고도 한다. 눈앞에 빛을 뿌릴 수 있는 것은 에너지가 중맥에 들어갔기 때문이다. 에너지가 중맥에 들어가면 낮이고 밤이고 항상 눈이 환하고 밝게 된다. 중맥에 에너지가 들어가면 반드시 정수리를 통해 나가게 된다.

　성취의 여부는 임맥과 독맥 그리고 중맥의 작용에 달렸다. 그래서 밀종은 기맥과 명점(明點)*을 수련하라고 한다.

　어떻게 수련하는가? 상단전 중단전 혹은 하단전에 의식을 두고 지킨다. 의식을 하단전에 두고 지키는 목적은 기를 한곳에 가라앉히는데 있다. 100일을 지킨 다음 중단전(단중혈:膻中穴)으로 옮기고, 100일을 지킨 다음에 상단전으로 옮겨서 지킨다.

　옛날 사람들은 하단전 중단전 상단전을 각각 100일씩 지키는 방법을 쓴다. 이렇게 300일을 지키면 반드시 백회를 통해 에너지가 외부로 나가게 되는 것이다.

---

* 명점(明點):신체 내에 있는 에너지의 핵심으로, 인간의 의식과 에너지가 모여 있는 장소이다.

- **의식을 두는 곳으로 에너지가 간다**

　　意念放在哪里,能量就到哪里。例如把意念放在头上(上丹田),能量就从头上出去。所以意念绝对不能在下丹田守太久。如果始终守在下丹田,生理欲望是无法超越的,甚至会走火入魔。

　　为什么要盘腿打坐呢?这与我们的三条脉相关。刚才说了,意念守在哪里,能量就到哪里,但是能量最终必须从头上出去。

　　如果你的师父不仅是一个法脉的传承者和传递者,还是一个过来人,已经实证过,那么他就有足够的把握让你一步到位——守住上丹田。而且上丹田有任何反应,他都会告诉你如何对治。
　　所以我在教大家打坐的时候是一步到位,直接把意念守在上丹田,同时念"六字真言",不守下丹田和中丹田。

　　如果你打坐有半年以上,就念"三字明"。如果你有三年以上的盘腿功夫,就可以念一个字。但是,现在还不敢告诉你们。大家还是把心静下来念"六字真言"或"三字明"。

- 의식을 두는 곳으로 에너지가 간다

 의식을 어디에 두냐에 따라 에너지가 나가는 곳이 달라진다. 의식을 머리(상단전)에 두면 에너지는 정수리로 나간다. 그러므로 오랫동안 하단전에만 의식을 두고 지키면 안 된다. 만약 계속 하단전을 지키면 성적인 생리욕망을 이겨내기 힘들고, 잘못 억제하다가는 주화입마에 빠지기 쉽다.

 가부좌를 하고 좌선하는 이유는 무엇인가? 인체의 세 가닥 큰 맥과 관계된다. 앞에서 말한 것처럼 에너지는 의식이 지키는 대로 가는데, 에너지가 흐르다가 최후에는 반드시 정수리로 나가야 하기 때문이다.

 만약 여러분의 스승이 법맥의 계승전달자이며, 수행을 이미 경험하고 득도한 것을 증명한 분이라면, 제자들에게 상단전을 지키도록 할 것이다. 뿐만 아니라, 상단전에 어떤 문제가 있더라도 적절하게 대처하는 방법을 알려줄 것이다.

 나 역시 좌선을 가르칠 때 곧바로 상단전에 의식을 집중하라 하고, 동시에 '육자진언(六字眞言)'을 염송하도록 한다. 하단전과 중단전에 의식을 두지 못하게 하는 것이다.

 반년 이상 좌선한 사람은 '삼자명(三字明)'을 염송하고, 3년 이상 좌선을 한 사람이라면 '삼자명 중에 한 글자만 염송해도 좋다. 하지만 지금은 이 방법을 알려줄 수가 없다. 여러분은 모두 마음을 조용히 가라앉히고 '6자진언'이나 '삼자명'을 염송하는 게 좋다.

- 미간을 통해 앞을 본다

> 意念不只是守在眉间,还要透过眉间的这个"视频"往前看,同时在心灵的画面上,把自己的头部观想成一朵莲花苞打开。

> 什么叫观想?用现代的话来讲就是形象思维。为什么传统的禅宗没有观想,从不讲这些呢?其实禅宗也有观想,只是能进入禅堂的人修行都很高,这些基础不需要讲。

- **미간을 통해 앞을 본다**

　　미간에 의식을 두고 지키는 것이 아니라, 미간의 영사막을 통해 앞을 내다보는 것이다. 동시에 마음의 화면을 띄워서 자기의 두뇌는 연꽃 봉오리인데 활짝 피었다고 관상(觀想)한다.

　　무엇을 관상이라고 하는가? 요즈음 말로하면 형상사유(形象思維)이다. 전통적인 선종에는 관상이란 말이 없다고 생각하지만 선종에는 관상이라는 용어가 있다. 옛날 선방에 들어가는 수행자들의 차원이 높았기 때문에, 이런 기초적인 말을 할 필요가 없었을 뿐이다.

而现在的人一学佛就可以进禅堂，进了禅堂怎么用功却不知道。所以在禅堂里坐久了，个个都弯腰驼背，面黄肌瘦，头干瘪瘪的，脸上没有一点光泽。

为什么头是瘪的呢？因为能量上不来，就像花苞缺水变得干瘪一样。如果脑袋鼓鼓的、大大的，像皮球、西瓜一样，胀得要爆炸，那就是能量升上来了。

花苞为什么会开放呢？因为下面的能量持续不断地往上输送，当胀到一定程度时，瞬间就绽开了。

머리가 연꽃으로 되었다고 관상한다

현대인들은 부처님을 배우겠다고 마음만 먹으면 바로 선방에 들어가지만, 선방에 들어가서는 어떻게 공부할지를 모른다. 선방에 오래 앉아있으면 허리가 구부러져서 곱사등이 되고, 얼굴은 누렇게 뜨고, 두뇌는 쭈글쭈글 줄어들고, 얼굴에 윤택이 없어진다.

왜 두뇌가 쭈글쭈글 메마르는가? 에너지가 두뇌까지 오르지 못했기 때문에, 정수리 연꽃봉오리에 물이 부족해서 쭈글쭈글 메마른 것이다. 만약 두뇌가 공처럼 둥글둥글하고 수박처럼 곧 터질 상황이 되면 에너지가 두뇌까지 올라갔다는 뜻이다.

연꽃봉오리는 어떻게 열리게 되는가? 에너지가 끊임없이 올라가서 일정한 정도가 되면 꽃봉오리가 터지며 피는 것이다.

2) 관상과 각지

• **관상은 집중력을 길러준다**

为什么要观想呢？

因为你没有禅定基础，看不住自己的念头。我们的头脑胡思乱想了几十年，你不给它事情做，它就天马行空。所以老祖宗创立了种种有为法，让我们借助外援的力量达到专注。

例如在前面燃一支香或一支蜡烛，或放一颗水晶球，眼睛似有若无地看着它。当眼睛看累时，就闭上眼，透过眉间用意念看着它。通过这种外援的力量把散乱心收回来，集中到一个点上。这是一种很粗糙的方法，但很有效。

• **의식이 머무는 단계**

当你"止"在了香头上，或者水晶上、蜡烛上，再把意念收回来止在身体的某个穴位上。当这个也做到了，你就止在自己的念头上，看念头是怎么来的，又到哪里去。

所以，对于没有禅定基础的人来说，第一步是观香，或者观水晶，或者观蜡烛；

2) 관상과 각지

• 관상은 집중력을 길러준다

왜 관상을 해야 하는가?

선정공부가 없어서 자기의 생각을 지키지 못하기 때문이다. 우리의 두뇌는 수십 년 동안 허황된 잡생각을 하였기 때문에, 두뇌에게 할 일을 주지 않으면 제멋대로 잡생각을 하는 것이다. 그래서 조사님들은 각종 유위법으로 외부의 힘을 빌어서 수행자들의 집중력을 키웠다.

이를테면 향불이나 촛불을 보면서 수행하든지, 혹은 수정구슬을 눈앞에 놓고 보게 하였다. 눈으로 보이든 보이지 않든 간에 그것을 보게 한다. 보다가 눈이 피곤하면 의식을 미간에 두고 보게 한다. 이런 외부의 힘을 빌어서 산만한 마음을 걷어 들이고 한 점에 집중시키는 것이다. 이것은 조잡한 방법이지만 효과는 아주 좋다.

• 의식이 머무는 단계

의식을 향불의 끝에 머무르든 수정구슬이나 촛불에 머무르든, 혹은 의식을 걷어 들여서 신체의 어떤 혈(명점)에 멈추든지 해서, 의식을 한 점에 머물게 할 수 있으면, 생각이 어떻게 오고 어디로 가는 지를 볼 수 있다. 그러므로 선정의 기초가 없는 사람들은 향불이나 수정구슬 혹은 촛불을 관하게 하는 것이다.

第二步是观身体的某个穴位；第三步是观自己的念头；第四步才达到禅宗的核心——灵明的觉知与空性，与万物同一体，心住在空性上，住在虚空法界中。

这个过程是由外到内，由粗到细，由看不见到看得见。

● 공성과 영명한 각지

如果前三步都做到了，力量自然会扭转过来，在心灵上达到空性的状态、灵明觉知的状态，也就是万物同一体的状态。

如果能做到第四步，前三步轻而易举就能做到；如果前面三步做不到，第四步你肯定也做不到。如果你有禅定基础，就不需要借助外援达到"止"，可以直达第三步或第四步。

灵明觉知的状态很难解释，只能通过比喻，这时候你的身心就像一面镜子，无论外面出现什么，都清清楚楚地

그 다음 단계는 신체의 특정한 혈을 보게 한다. 그 다음은 자기의 생각을 보게 한다. 이렇게 3단계의 의식을 한 점에 그치게 해서 지키는 공부를 한 다음에, 마지막 단계로 선종의 핵심, 즉 영명(靈明)한 각지와 공성(空性)을 보게 하는 것이다. 그러면 만물과 한 몸이 되는 상태가 된다. 마음이 공성에 머무르고 허공법계에 머무르는 것이다.

이 과정은 밖으로부터 안으로, 거친 데로부터 섬세한 곳으로, 보이지 않던 것에서부터 보이는 것으로 진행하는 것이다 (여기서 말한 "보이지 않던 것에서부터 보이는 것으로"라는 말은, 보이지 않던 내재의 것이 보이게 되었다는 뜻이다).

- 공성과 영명한 각지

만약 앞의 그침을 지키는 세 단계를 다 해냈다면, 자연스럽게 에너지가 돌아가면서, 심령은 공성의 상태이고, 영명한 각지의 상태이고, 만물과 한 몸이 되는 상태가 된다.

네 번째 단계에 이르면 앞의 세 단계가 아주 쉽겠지만, 만약 앞의 세 단계를 수련하지 못하면 네 번째 단계에 도달하지 못한다. 만약 선정공부의 기초가 있다면, 향불이나 촛불의 힘을 빌려서 '그침'의 경지에 도달할 필요 없이, 직접 세 번째 단계나 네 번째 단계에 도달할 수 있다.

'영명한 각지상태'는 비유하는 방식으로밖에 설명할 수 없다. 이때는 여러분의 몸과 마음은 거울과 같아진다. 밖에 무엇이

显现在你心灵的镜面上，是绿色就显现绿色，是黑色就显现黑色，是什么样子就显现什么样子，不会变形走样，没有任何是非、善恶、对错的概念，这时候就变成了平等观。

当没有外界这些形形色色的东西出现时，它又是什么状态呢？是一种空性的状态。何为空性？就是个体消失，融入整体，与法界融为一体的状态。

你看到有个人坐在这里，但他的心已经消散、弥漫，和整个宇宙融为一体了，即所谓的"法界为心，法界藏心"。法界有多大，他的心（法身）就弥漫、扩散到多大的范围，万事万物都在他的心里面。

当个体融入整体之后，怎么起用呢？你一喊万行，他马上就能起用。也即：一用即有，不用则无。

对治妄心、散乱心，就是采用前三步，集中力量观一朵花、一支香或一支蜡烛，把意念止在上面。如果不习惯观外在的东西，就观身体的某个部位。

나타나든 그대로 비추는 것이다. 녹색이면 녹색으로, 검정색이면 검정색으로, 있는 그대로의 모습이 비춰진다. 형태도 변하지 않을 뿐 아니라, 옳고 그름, 선과 악의 개념도 없이 그저 모두 평등관(平等觀)으로 변하는 것이다.

이와 같은 각종 형태의 물건들이 나타나지 않을 때는 어떤 상태인가? 바로 '공성'의 상태이다. 무엇이 공성의 상태인가? 개인이 사라져서 전체와 융합되고 법계와 한 몸이 되는 상태이다.

당신은 어떤 사람(법계와 한 몸이 된 자신)이 앉아있는 것을 볼 수 있는데, 그 사람의 마음은 이미 사라져 온 우주와 융합하여 하나가 되었다. 말하자면 "법계로 몸을 삼고 법계로 몸을 감춘 것이다." 법계가 얼마만큼 크면 그의 마음(법신)도 그만큼 큰 범위에 자욱하게 퍼지고, 만사만물이 모두 그 법신 안에 있고, 그 사람의 마음속에 있는 것이다.

"개체가 전체와 통합된 다음에는 어떻게 사용합니까?" 하고 묻는데, 당신이 당신의 스승인 나의 법명 '만행'을 외치면 바로 쓸 수 있다. 즉, 쓰면 있는 것이고, 쓰지 않으면 없는 것이다.

망령된 마음과 산만한 마음은 앞에서 말한 세 가지 방법으로 다스릴 수 있다. 마음을 집중하여 의식을 꽃봉오리(혹은 향불, 촛불)에 두고 관한다. 만약 외부의 사물을 관하는 것이 습관 되지 않았다면, 자신의 몸 중에서 어떤 부분을 관하여도 상관없다.

我传给大家的方法是直接观眉间的慧眼，观头顶的莲花。但这仍是有为法，仍不究竟，最终还是要把它放下，归于心态，看自己的起心动念。

내가 여러분에게 전수하는 방법은, 곧바로 미간의 혜안을 관하고, 정수리의 연꽃을 관하는 방법이다. 이 방법은 유위법이라서 철저하지 못하기 때문에, 나중에는 이 방법을 버리고 마음상태를 따라 자기의 마음이 움직이는 것을 살펴야 한다.

3장. 入定、住定、出定的秘诀

入定有哪三种反应？为什么不能入定？入定后为什么不能出定？为什么感受不到住定？学会了入定、住定、出定，也就掌握了死亡。

# 입정·주정·출정의 비결

입정(入定)의 세 가지 반응은 무엇인가? 입정이 왜 안 되는가? 입정한 후에 왜 출정(出定)을 못 하는가? 어떻게 하면 주정(住定)을 느낄 수 있는가? 입정, 주정, 출정을 잘 할 수 있으면 삶과 죽음도 장악할 수 있다.

1. 入定的四个层次

1) 입정의 단계별 상태

入定分为四个层次:初禅、二禅、三禅、四禅。前三禅都有身体的存在、喜悦的存在。

初禅是身体空掉了。在打坐的过程中,如果感觉不到身体的存在,只有呼吸、杂念存在,说明已进入初禅。

随着功夫的加深,杂念少了,呼吸减弱了,进一步呼吸不存在了,说明已进入二禅。再接下来,微细的念头也没有了,可知已进入三禅。

如果你没有把身体、呼吸、念头调好,是无法入定的。住在一禅,要把身体的姿势调好;二禅,要把呼吸调好;三禅,要把意念调好;四禅,心跳脉动微乎其微。

现在的人都不知道如何调身、调息、调意念,所以难以入定。深吸一口气,停在那儿,是什么境界?没有杂念,心内灵灵明明,身心高度放松。但不到1分钟,5秒钟一过,又有了杂念。

1. 입정의 4단계

1) 입정의 단계별 상태

입정은 초선(初禪), 2선(二禪), 3선(三禪), 4선(四禪)의 4단계로 나뉜다. 초선과 2선 3선까지는 신체적 존재감을 느끼고 선정(禪定)에 들어선 즐거움을 느낀다.

초선이 되면 몸이 없어진다. 참선하는 동안 몸의 존재를 느끼지 못하고, 호흡과 염두*만 존재한다면 초선에 들어간 것이다. 선정공부를 하는 동안 잡념이 적어지고, 호흡이 가늘어지면서 차츰 호흡이 존재하지 않게 되면 2선에 들어선 것이다. 그 다음은 사소한 생각도 없어지는 3선의 단계이다.

참선을 하기 전에 '몸의 자세, 호흡, 생각을 잘 조절'하는 세 가지가 안 되면 입정을 할 수 없다. 초선은 참선자세를 잘 조절해야 하고, 2선은 호흡을 잘 가다듬어야 하며, 3선은 의식을 잘 다스려야 하는 것이다. 4선은 심장박동이 아주 미세해진다.

요즘 사람들은 어떻게 몸을 조절하고, 호흡을 조절하고, 의식을 조절하는지 모르기 때문에 입정할 수가 없다. 숨을 크게 들이쉬고 멈출 때 무슨 경지가 있겠는가? 잡념도 없고, 마음도 밝고, 몸과 마음도 아주 편안하다. 그런데 1분도 안 돼서 5초가 지나자 잡념이 생긴다.

---

* 염두(念頭) : 생각의 실마리, 생각의 시작/ 이 책에서는 대부분 '생각'으로 번역했다.

但是你可以在这5秒之内进入初禅。一个人入定，一定是在吸气时，而不是在呼气时。念头是在呼气时才产生。

有的人通过多年死坐，也能进入三禅。但不知道是怎么进去的，所以也不知道怎么出来。同样，住在定中，也不知自己是在定中。

坐了几个小时，出定后不知道这几个小时是怎么过去的。这几个小时中有入定、住定、出定，但他不知道是怎么回事。

2) 초선(初禪)은 생각을 다스린다

在入初禅时，必须做到万念归为一念，也就是说没有杂念，只有一个念头。这一个念头安住在当下，身体放松，身心和谐了，身体空掉了，才叫初禅。

반대로 5초 안에 초선에 들어갈 수도 있다. 수행자가 숨을 내쉴 때가 아니라, 숨을 들이마실 때 입정이 된다. 생각은 숨을 내쉴 때 생기기 때문이다.

어떤 수행자는 몇 년 동안 열심히 좌선을 해서 3선에 들어갈 수 있었다. 그런데 어떻게 3선에 들어갔는지 몰랐기 때문에, 어떻게 3선에서 나와야 하는지도 모른다. 마찬가지로 이미 주정*에 들어갔어도 자신이 선정에 있는지를 모르는 것이다.

몇 시간 동안 선정 속에 들었었는데, 이 몇 시간을 어떻게 보냈는지 모른다. 이 몇 시간 동안에 '입정, 주정, 출정'을 했지만, 그 사람은 어떤 일을 겪었는지를 모르는 것이다.

2) 초선(初禪)은 생각을 다스린다

초선에 들어갈 때는, 반드시 여러 생각을 한 생각으로 만들어야 한다. 말하자면 잡생각은 없고 오직 한 가지 생각만 있는 것이다. 이 한 가지 생각이 현재에 만족하며 안주하면서, 몸이 편안해지고 마음이 조화되어 몸이 없는 것처럼 되는 것을 초선이라고 한다.

---

* 주정(住定) : 참선해서 삼매(三昧)의 상태에 머무르는 것

初禅最怕的就是有人突然叫你或推你。如果你在打坐时,旁边的人不懂,有可能会叫你或推你。当然,我们打坐前一般都会告诉身边的人:我要打坐了,你不要打扰我,有什么事情等打完坐之后再处理。

在入定之前,身体的疼痛、麻木这些情况都没有了,已经突破了,整个身心已经形成一个整体的能量场,而不是支离破碎的状态,就像一个球一样,整个充满了气。这样才能安住在当下,才能达到初禅。

当你达到初禅并住上一段时间后,身心内外会有一个质的变化,就像花开一样,一直在持续地开。

刚开始先形成一个花苞,就相当于初禅。到了二禅的时候,就开始绽放,心灵上就有了这种绽放。如果身边没有人干扰,花开的过程就会持续,直到花全然地绽放。

초선일 때는 남들이 갑자기 부르거나 밀치는 것을 가장 걱정한다. 좌선을 하고 있을 때, 옆에 있는 사람이 좌선하는 줄 모르고 부르거나 밀칠 수도 있기 때문이다. 그러므로 좌선을 할 때, 주변 사람들에게 내가 좌선을 해야 하니 방해하지 말고, 무슨 일이 있으면 좌선을 하고 나서 말하라고 해야 한다.

입정하기 직전에는 몸의 통증과 저림증세가 모두 사라지고, 몸과 마음이 이미 완전한 하나의 에너지장을 형성하여 공처럼 기로 가득 차게 된다. 이렇게 되어야만 현재에 안주할 수 있고 초선에 도달할 수 있다.

초선에 머물다 보면, 몸과 마음에 안팎으로 질적인 변화가 생긴다. 몸과 마음의 안팎에서 꽃이 피는 것 같고, 계속해서 커지며 피게 된다.

연꽃봉오리가 생기면 초선에 도달한 것이고, 2선이 되면 연꽃이 피기 시작하는데, 마음(심령心靈)에도 그런 꽃이 피기 시작한다. 주변에서 아무도 방해하지 않으면, 연꽃이 점점 커지며 피다가 활짝 만발하게 될 것이다.

3) 2선(二禪)과 소리

进入二禅，最明显的一个反应就是怕周围的声音，对周围的声音特别敏感。

因为当一个人的呼吸由粗变细时，连自己的心跳声、血液流动声都听得到。这种内在的安静超过了外在，所以对外在的声音特别敏感。之所以有的人你大声地喊他，他也听不见，就是因为他的头脑很复杂，内在很散乱。

在进入二禅时，身体会有明显的变化，呼吸会越来越弱（有呼吸意味着能量会漏失，也是在释放能量）。当真正进入二禅时，呼吸就没有了。为什么呼吸会没有了呢？

因为他的能量就像伸出去的手脚，全部和宇宙融为一体了。也就是说他"心灵的手"已经伸向天边，伸向能量的源头了。这时候，随着"心灵的手"伸出去，内在就会升起一股花开的力量，内在的花就会不停地绽放。

当经过二禅之后，就意味着内在的花全部打开了，心灵的手全部铺张开、延申出去了，呼吸就停止了。

3) 2선(二禪)과 소리

　2선에 들어간 사람의 가장 눈에 띠는 반응은, 주변 소리에 민감하고 두려워한다는 것이다.

　거칠었던 호흡이 가늘어지면, 자신의 심장박동 소리는 물론이고 몸속의 피가 흐르는 소리까지도 들을 수 있기 때문이다. 이런 내적 고요한 상황이 외적 물질상황을 능가하기 때문에 작은 소리에도 민감한 것이다. 그런데도 큰소리로 불러도 듣지 못하는 이유는, 머릿속이 복잡해서 마음속 생각이 산만하기 때문이다.

　2선에 들어가면 몸에 뚜렷한 변화가 생기는데, 호흡이 미약해진다. 호흡이 있다는 것은 에너지가 몸 밖으로 새고, 에너지를 방출한다는 뜻이다. 완전히 2선에 들어가면 호흡이 없어진다. 왜 없어질까?

　그 사람의 에너지가, 뻗어져 나가는 손발처럼 우주로 나가 융합하여 한 몸이 되었기 때문이다. 그의 '심령의 손길'이 이미 하늘 끝까지 뻗은 것이다. 그리고 우주 에너지의 근원으로 나가는데, '심령의 손길'이 뻗어나감에 따라 몸 안에서는 꽃피는 힘이 솟아오르고, 내면의 꽃이 계속해서 활짝 피게 된다.

　2선을 넘어섰다는 것은 내면의 꽃이 다 폈다는 의미이고, 우주로 뻗어나가는 손이 다 펴지고 호흡이 멈춘다는 뜻이다.

再继续下去，全身的脉搏都不再跳动了。当脉搏不再跳动，就意味着自身的能量全部释放出去，外面的能量全部进来，内外融为一体了，不是片段的，也不会支离破碎，已经没有你和我的关系，没有能量和我的关系，没有天地和我的关系了，这个时候就是所谓的没有二元，只有"一"了。

4) 3선(三禪)과 난상 및 생각

● **난상**

在三禅，身心会产生许多反应。通常最明显的反应是有喜有乐。"喜"是心理反应，"乐"是生理反应。

能进入三禅的人，从外在的生理现象看，即便80岁的老人，身体的柔软度也和小孩子一样，绝对不会僵硬。因为四加行的第一加行——暖相——出现了。人的身体之所以随着年龄的增长会渐渐发硬，是因为暖相渐渐消失了。

더 이상 계속하면 온 몸의 맥박도 뛰지 않을 것이다. 맥박이 뛰지 않는다는 것은, 자신의 에너지가 모두 방출되고 바깥의 에너지가 들어옴으로써, 나와 우주가 하나가 되는 것을 의미한다. 더 이상 우주의 한 조각 부분도 아니고, 분리된 것도 아니다. 너와 나도 없고, 에너지와 나의 구분도 없으며, 하늘 땅과 나의 관계도 없다. 이때는 이원(二元)이란 것도 없이 '하나'가 되는 것이다.

4) 3선(三禪)과 난상 및 생각

- 난상

3선에서는 몸과 마음에 많은 반응이 발생한다. 가장 눈에 띄는 반응은 기뻐함(喜)과 즐거워함(樂)이다. 기뻐함은 심리적 반응이고, 즐거워함은 생리적인 반응이다.

3선에 들어간 사람의 외적 생리현상은, 80세 노인이라할지라도 몸이 뻣뻣하지 않고 어린아이와 마찬가지로 유연해지는 것이다. 사가행(四加行)*의 첫 번째인 '난상(暖相)'이 나타났기 때문이다. 나이가 들수록 몸이 굳어지는 것은 점점 난상이 없어지기 때문이다.

---

* 사가행 : 대승불교 법상종(法相宗)의 수행법: '따뜻함(暖), 버티기(頂), 참기(忍), 세상에서 제일(世第一)'의 네 가지 선법(善法)이 있다.

为什么小孩子冬天睡在大人的怀里,大人会感到暖融融的,像一团火一样,而大人却没有这种现象呢?因为小孩子的暖相还存在。

当我们的身体出现暖相之后,身体的筋就会变得柔软。为什么小孩子摔一跤,爬起来就走;老人一摔倒就容易伤筋骨折,几个月都爬不起来呢?越是坚硬的东西,摔在地上越容易破碎、受损。越是柔软的东西越不容易破碎、受损。

庄子说过:"会道者虽跌扑而不伤。"如果坐禅坐得好,即便在冬天,手脚也是暖融融的。如果下座的时候手脚冰凉,说明身体的这股力量还没有苏醒。

● 생각하기 어려운 이유

处在三禅时,最明显的反应是不愿意思考,也就是念头很难产生。这时动一个念头都会感到身心很累。这时候也会有念头,但是自然产生的,不是刻意想的。

因为起心动念需要一股力量,心念不起就意味着这股力量处于定中,也即所谓的气定则神闲。

겨울에 어른의 품에 어린아이를 재우면, 어른은 따뜻함을 느끼다 못해서 불덩어리 같은 것을 느끼게 된다. 어린아이에게는 포근하고 따뜻한 난상(暖相)이 있기 때문이다.

우리 몸에 온기가 돌면 몸의 힘줄이 부드러워진다. 어린아이는 넘어져도 곧바로 일어나 걸어가지만, 노인이 넘어지면 쉽게 근육과 뼈를 다치고, 몇 달 동안 일어나지도 못하는 이유가 무엇인가? 딱딱한 물건일수록 땅에 떨어지면 부서지고 손상되기 쉬우나, 부드러운 물건일수록 쉽게 손상되지 않기 때문이다.

장자는 "도(道)를 아는 사람은 넘어져도 다치지 않는다."고 했다. 좌선을 잘하면 겨울에도 손발이 따뜻해진다. 좌선을 끝내고 자리에서 내려올 때 손발이 차가우면, 몸의 에너지가 아직 깨어나지 못했다는 뜻이다.

- **생각하기 어려운 이유**

3선에 들어간 사람의 가장 눈에 띄는 반응은, 생각하기 싫어한다는 것이다. 생각이 잘 나지 않으므로, 하나만 생각해도 몸과 마음이 모두 지친다. 생각이 날 때도 있지만, 그저 우연히 생긴 것이지 의도한 것이 아니다.

마음을 움직이거나 생각이 나기 위해서는 힘이 필요하다. 그러므로 '생각이 나지 않는다'는 것은 선정에 들어갔다는 뜻이다, 이른바 "기(氣)가 안정되면 마음이 편안해진다(氣定則神閑)."

● 마음을 하나로 만들어라

> 为什么有的人打坐一个小时就感到很疲劳，想伸伸懒腰，躺下休息；而有的人疲劳时只要静坐一个小时，疲劳就消除了，就感到很轻松呢？因为前者打坐的时候，身心绷得紧紧的，这意味着他打坐是身心工作了一个小时，所以会很想下座休息。而后者打坐的时候很放松，身体在这一个小时中得到了休息。

前者是在进行高强度的运动，后者是处于高质量的休息状态。为什么修行好的古人一天睡一个小时，精力就很充沛了？因为在这一个小时中，他身体的阴、阳合二为一，达到了平衡的状态。

当你进入三禅变成了"一"之后，整个就与天地宇宙的信息融为一体了。这时候，你就是天地的信息，天地的信息就是你。如果这个时候你融合得快，你住定的速度就快，就不需要住很久。

는 것이다.

• 마음을 하나로 만들어라

한 시간만 좌선을 해도 피곤함을 느끼고 기지개를 켜며 누워서 쉬고 싶은 사람이 있고, 피곤할 때 한 시간만 좌선을 해도 피로가 풀려서 홀가분해지는 사람이 있다. 왜 그럴까? 전자는 좌선할 때 팽팽하게 긴장한 상태로, 한 시간 동안 몸과 마음이 여러 일을 했기 때문에 쉬고 싶은 것이다. 후자는 좌선할 때 긴장을 풀어서, 한 시간 동안 휴식을 했기 때문에 피로가 풀리는 것이다.

전자는 고강도 일을 하였고 후자는 질 높은 휴식을 한 것이다. 옛날 수행을 잘하던 사람들은 하루에 한 시간만 자면 정력이 왕성해졌다. 한 시간 동안 몸 안에서 음과 양이 합쳐져 균형을 이루었기 때문이다.

3선에 들어가서 '하나'가 된다는 것은, 우주의 정보와 융합하여 하나가 된다는 뜻이다. 당신은 우주의 정보이고, 우주의 정보는 바로 당신이다. 당신이 빨리 하나로 융합할 수 있으면, 당신은 곧바로 선정에 안주할 수 있고, 오랜 시간을 주정(住定)을 할 필요도 없다.

有的人住了之后就一直住在定中，信息没有整合，出不来，没有"我就是信息，信息就是我"的状态。当他把信息融合完了，出现了"我就是信息，信息就是我"的时候，就会继续往前走，进入四禅。

5) 4선(四禪)과 거울의 완성

进入四禅的时候，不仅脉没有了，连生理和心理层面的反应全都没有了，也就是说受、想、行、识都没有了。这个时候我们可以把它理解成已经超越五识、六识、七识和八识。

六根已经关闭，受、想、行、识已尽，唯有灵明的觉知存在。这个"知"不是故意生起的，而是自然存在。"知"即《心经》中讲的"照"。

此时你已成为一面镜子，任何人来到你这面镜子前，内在是什么样子，都会清清楚楚地显现。之所以现在你看不清别人，是因为你没有把自己修成一面镜子。有一天你修成了一面镜子，就会看清来到你面前的每一个人，还原他们的本来面目。

어떤 사람은 선정에 들어갔더라도, 정보가 통합되지 않아 나올 수 없고, "나는 정보이고, 정보는 바로 나다"라는 상태가 없다. 정보의 융합을 마치고 "내가 정보이고 정보가 바로 나"라고 하며 나올 수 있을 때, 앞으로 더 전진해서 4선으로 들어갈 수 있는 것이다.

5) 4선(四禪)과 거울의 완성

4선에 들어가면 맥박도 뛰지 않고 생리적 심리적 반응도 모두 없어지는데, 수상행식(受想行識)이 없어진다는 뜻이다. 이때는 이미 전5식과 6식은 물론이고, 7식과 8식을 뛰어넘은 것이다.

육근이 이미 닫혔으므로 수상행식의 작용도 없어진다. 오직 신령하고 밝은 각지만 존재하는데, 이 '각지'는 의도해서 생긴 것이 아니라 자연적으로 존재하는 것이다.* '지(知)'는 『심경(心經)』에서 말하는 '조(照)'이다.

이제 당신은 거울이 되었다. 누구든지 이 거울 앞에 오면, 내면의 모습이 뚜렷하게 나타날 것이다. 다른 사람을 잘 못 보는 이유는, 자기를 거울로 수련하지 않았기 때문이다. 어느 날 거울을 완성하면, 앞에 있는 사람을 뚜렷하게 잘 볼 수 있고, 그

---

* 앞서 『금강경』에서 말하는 최고의 경지, 즉 '머무르는 일 없이 나타나는 마음(無所住而生其心)'이 되는 것이다.

佛教讲的"四禅八定"实际上是所有教派都走的一条路，是所有教派共同的修法。在佛教未出现之前，印度的瑜伽教派就已修习过"四禅八定"，后来释迦佛修习的是与前人一样的四禅八定。无论东方人还是西方人，古人还是今人，身心都没有多大变化。现在的人修炼，同样要经过四禅八定。

四禅八定修完，也不能完全掌握生死。但要了生死，必须经过四禅八定。

들의 본래면목도 찾을 수 있게 된다.

불교에서 말하는 4선8정(四禪八定)은 모든 불교의 계파가 가는 길이고, 모든 계파의 공통된 수행법이다. 불교가 나타나기 전부터 인도의 요가 교파들은 4선8정의 경지와 반응을 배워서 익혔고, 그 이후에 석가모니부처님도 같은 것을 수련하셨다. 동양인이든 서양인이든 혹은 고대인이든 현대인이든 몸과 마음이 크게 달라지지 않았으므로, 현대인의 수련도 4선8정을 거쳐야 하는 것이다.

4선8정을 다 수련했다고 생사를 완전히 장악할 수는 없다. 하지만 생사를 장악하기 위해서는 반드시 4선8정의 수련을 거쳐야 하는 것이다.

2. 入定与出定的技巧

1) 좌선할 때의 출정

- **입정(入定)**

   入定的过程：首先感觉到念头逐渐减少，接着呼吸逐渐由粗变细，身体逐渐消失，再接着心跳、脉动减弱，乃至消失。在这种情况下即是进入定中了。

- **출정(出定)**

   那么，怎么出定呢？通常是在入定之前动一个念头，告诉自己要入定多久（譬如几个小时或者几天），当时间一到，自然会出定。

   如果入定之前没有动念，没有把出定的时间输入头脑，又没有外人引出，自己是很难出定的，必须靠别人帮助。

   中国的修行人有一种弹指的方法，当看到同修入定出不来了，就在他耳边三弹指，叫他出定。由此发明了引磬。引磬，顾名思义，就是把人从甚深的禅定中唤醒、引出而使用的磬。

2. 소입정과 대입정

1) 좌선할 때의 출정

- **입정(入定)**

  입정의 과정은 이렇다. 생각이 점차 줄어드는 것을 느끼고, 이어서 호흡이 점차 가늘어지며, 몸에 대한 의식이 점차 사라지고, 이어서 심장의 박동과 맥박이 약해지다가 사라지기도 한다. 이런 상황이 오면 입정에 들어선 것이다.

- **출정(出定)**

  그럼 어떻게 출정하는가? 입정하기 전에, 자신에게 몇 시간 또는 며칠을 입정해야 하는지를 알려준다. 그러면 예정한 시간이 되었을 때 자연스럽게 출정하게 된다.

  만약 입정 전에, 출정하는 시간을 자신의 머릿속에 입력하지 않았다면 자력으로 출정하기 어렵다. 이때는 다른 사람의 도움에 이끌려 나와야 한다.

  손가락을 튕기는 방법이 있는데, 도반(道伴)이 출정하지 못하는 것을 보면, 그의 귓가에 손가락을 세 번 튕겨 출정시키는 방법이다. 그래서 경쇠를 발명하였다. '경쇠(인경:引磬)'는 말 그대로 사람을 깊은 선정에서 깨워 이끌어내기 위해 쓰는 도구이

你们现在可以想象一下入定的过程：先想着自己的身体空掉了，接着呼吸由粗变细，渐渐没有了，接着念头也没有了，只有灵明的觉知存在……

出定和入定的感觉恰恰相反：首先是感觉到自己的身体渐渐存在了，接着是感觉到自己有呼吸了，再接着是感觉到有念头了，会分析、判断了。当这三种现象出现时，眼睛一睁开，就发现自己又真实地存在了。

2) 무의식 속의 입정과 출정

为什么有的人不知道自己是怎么突然入定的，也不知道自己是怎么突然出定的呢？这种情况静坐的人经常会出现：在打坐的过程中突然空掉了，刚感觉空掉，这种感觉又突然没有了（即恢复了对身体、呼吸和念头的觉知），不知道自己是怎么进去的，也不知道自己是怎么出来的。

다.

이제는 여러분이 입정의 과정을 상상할 수 있다. 먼저 자신의 몸이 비어지며 없어진다고 생각하고, 이어서 호흡이 점차 가늘어지고 점점 없어지며, 그 다음에 생각조차 없어지고, 영명(靈明)한 각지만 존재하는 것이다.

출정과 입정의 느낌이 반대이다. 먼저 자신의 몸이 존재한다는 것을 점점 느끼고, 이어서 자신의 호흡을 느끼고, 또 생각이 일어난다고 느끼고, 분석하고 판단할 수 있게 된다. 이 세 가지 현상이 나타났을 때 눈을 뜨면, 자신이 다시 존재하고 있다는 것을 알게 된다.

2) 무의식 속의 입정과 출정

어떤 사람은 자기가 어떻게 갑자기 입정을 하게 됐는지, 또 자기가 어떻게 갑자기 출정을 하게 됐는지 모르는 경우가 있다. 이런 상황은 좌선하는 사람에게 종종 나타난다. 좌선 중에 갑자기 모든 게 비워졌고, 또 금방 비워버린 것 같았는데, 어느새 비웠다는 느낌조차 없어졌다가, 갑자기 몸과 호흡과 생각에 대한 각지가 회복되었기 때문이다. 자기가 어떻게 들어갔는지도 모르고 어떻게 나왔는지도 모르는 것이다.

- **입정과 출정의 비결**

    佛门里经常让修禅者参一个话头，问自己是从哪里来的。如果你知道自己从哪里来，就会知道将来要到哪里去。之所以不知道将来要到哪里去，就是不知道是从哪里来。同样，当你把握了入定，自然会知道如何出定。

    在最初阶段，通常在定中住十分钟，就要赶快出定，然后再入定十分钟。这样出——入——出——入，反复十几次、几十次之后，你自然就掌握了入定、住定、出定的技巧。
    一般人不知道方法，在定中住上几个小时，被外界的人突然唤醒后，就入不了定了。因为在定中住得太久，把怎么入定给忘了。

- **수면 중의 입정과 출정**

    平常人在睡眠中也会入定，只是不知道这是在修行。譬如你从睡眠中醒来，身体没有动，不知不觉又入睡。如果身体动了，翻了个身，就很难接着入睡了。这种睡是清醒明了、无杂念的睡。

- **입정과 출정의 비결**

 불교에서는 참선하는 사람에게, '어디에서 왔는지를 묻는 화두'를 참하라고 한다. 만약 어디에서 왔는지를 안다면, 어디로 가야 하는지도 알 것이다. 어디로 가야할지 모르는 것은, 어디에서 왔는지를 모르기 때문이다. 마찬가지로, 입정을 잘 할 수 있으면, 어떻게 출정하는지도 알게 된다.

 처음 단계에서 10분 정도 입정하고 곧바로 출정을 한다. 그 다음 또다시 10분 정도 입정하는 것이다. 이렇게 '입정하고 출정하며, 입정하고 출정하며'를 몇 십 번을 반복하다 보면, 자연스럽게 '입정→ 주정→ 출정'의 비법을 습득하게 된다.

 대개는 방법을 잘 몰라서 입정해서 몇 시간씩 머물다가, 외부인에 의해 갑자기 깨어날 경우 다시 입정을 못하게 된다. 오랫동안 주정을 하는 바람에 어떻게 입정했는지를 잊어버린 것이다.

- **수면 중의 입정과 출정**

 보통 사람들도 자는 과정에서 입정할 수 있지만, 이것이 수행인 줄 모른다. 잠에서 깨어났을 때 몸을 움직이지 않고 있다가 무의식적으로 다시 잠이 드는 경우가 있다. 그러나 만약 몸을 뒤척이며 움직이면 다시 잠들기 어렵다. 이런 잠은 의식이 맑고 잡념이 없는 상태에서의 잠이다.

入定和入睡、出定和醒来是一样的。如果你会修行，可以在睡眠中训练自己（睡眠中一样可以成就），时间久了就会入定、住定和出定了。

有些人天生就知道自己是怎么入睡、怎么醒来的。就像刚睡醒时，前几秒钟感觉不到身体和呼吸的存在，只有微细的念头。慢慢地，才感觉到身体的存在、呼吸的存在、念头的出现。这时候就要翻身（出定）了。

你们会问，身体这关没有过，腿疼能不能入定？身体这关未过，一样可以入定。既然在睡眠中能入定，就没有理由不能住定，因为能睡就能住定。

只是有一点区别，身体气脉没有打通的人，出定后会全身疼痛。在入定时，身体是由重到轻，逐渐消失，所以感觉不到疼痛。而出定时是由细到粗，进一步感觉到身体的存在，所以出定后身体会疼痛。

입정과 잠들 때, 그리고 출정과 잠에서 깨어날 때는 상태가 같다. 수행을 할 줄 알면, 자면서도 수련할 수 있다. 수면 중에서도 입정 주정 출정하면서 성취할 수 있는 것이다.

어떤 사람들은 자신이 어떻게 잠들었는지, 어떻게 깨어났는지 본능적으로 알고 있다. 자고 일어났을 때처럼, 처음 몇 초 동안은 몸과 호흡의 존재를 느끼지 못하고 미세한 생각만 한다. 차츰차츰 몸의 존재, 호흡의 존재, 생각이 일어난다는 것을 느낀다. 이렇게 출정하는 때가 자다가 뒤척이는 때에 해당한다.

몸이 이 관문을 통과하지 못한 상태라서, 다리가 아픈데도 입정할 수 있냐고 물어볼 것이다. 아직 몸이 관문을 통과하지 못해도 입정할 수 있다. 잠을 통해서 입정할 수 있다면, 선정에 머물지 못할 이유가 없다. 잠을 잘 수 있다면 선정에 머물 수도 있는 것이다.

다만 한 가지 차이점이 있는데, 몸의 기맥이 통하지 못한 사람이 잠을 통해서 입정을 하면, 출정하고 나서 온몸이 아프게 된다는 것이다. 입정할 때는 몸이 점차 가벼워지면서 사라지기 때문에 통증을 느끼지 못하지만, 출정할 때는 가늘었던 숨이 굵어지므로, 몸의 존재를 한층 더 느끼게 된다. 그래서 출정하면 몸이 아픈 것이다.

3) 입정 주정 출정을 장악해야 생사를 장악할 수 있다

为什么说掌握了入定、住定、出定的修行人，就掌握了生死：因为入定的过程和死亡的过程一样。当一个人住在定中时，他的神识走了。同样，当一个人死亡之后，他的神识也走了。

学佛的人都知道一个词语——"中阴身"。什么叫中阴身？离开前一个身体，还未进入后一个身体，中间的这个东西就叫中阴身。

但对于能把握的人就不叫中阴身了，叫什么呢？古今中外的修行人给它起了不计其数的名字，各教各派都有不同的叫法，最通俗的叫法是"灵魂"。虽然佛教不承认有"灵魂"，但有另外的名称。

今天讲的听懂了没有？听完了，回去后最好能再坐半个小时，把讲的内容回忆一遍：入定是哪三种反应？为什么不能入定？入定后为什么不能出定？为什么感受不到住定？

学会了入定、住定、出定，也就掌握了死亡。实际上入定、住定、出定就是在训练死亡。因为入定、住定、出定的过程和死亡的过程一模一样。入睡、住睡、出睡也是一样的道理（指圣人的无念睡）。

3) 입정 주정 출정을 장악해야 생사를 장악할 수 있다

입정의 과정은 사망하는 과정과 같기 때문에, 한 사람이 입정해서 주정하고 있을 때, 그의 정신은 떠나가고 없게 된다. 마찬가지로 사람이 죽으면 그 사람의 정신도 떠나가는 것이다.

불교를 공부한 사람은 모두 '중음신(中陰身)'이라는 단어를 안다. 중음신이 무엇인가? 이전의 몸에서는 떠나갔고, 다음 생의 몸으로는 아직 들어가지 못한, 중간에 있는 것을 중음신이라고 한다.

하지만 입정 주정 출정을 장악한 사람을 중음신이라 부르지 않는다. 뭐라고 부르는가? 동서고금의 수많은 수행자들이 여러 이름을 붙였고 교파마다 부르는 이름이 다른데, 가장 통속적인 명칭은 '영혼(靈魂)'이다. 불교에서는 '영혼'을 인정하지 않고 다른 명칭으로 부른다.

오늘 설명한 내용을 이해했는가? 다 들었다면, 돌아가서 반 시간 정도 앉아서 오늘 들은 내용을 다시 한 번 되새겨보는 것이 좋다. 입정에 어떤 세 가지 반응이 있는지? 왜 입정에 들지 못하는지? 입정 후 왜 나올 수 없는지? 왜 주정(住定)을 느낄 수 없는지? 이 질문들을 다시 한 번 곱씹어 보라.

입정 주정 출정을 잘 배우면 죽음도 장악할 수 있다. 실제로 입정 주정 출정은 죽음을 연습하는 것이다. 그 세 단계 과정이 죽음의 과정과 똑같기 때문이다. 물론 잠들고, 잠을 자며, 깨어나는 것도 마찬가지 이치이다.

4) 입소정과 입대정의 차이(入小定与入大定的区别)

● **입소정**

　　在开心脉的过程中，在定境当中，会有一个画面出现。开完之后就会合，一开一合、一开一合……开合多少次说不定，有的人多，有的人少，每个人的因缘不同，但一定要经过开与合的过程。

　　为什么要有一个开呢？开就是个体融入到整体的过程。为什么又要合呢？合成整体才能随时分成无数个个体……个体随时会变成一个大的整体，大的整体随时又会分裂成无数个小的个体。佛菩萨的化身，整个形成的过程和修行的过程就是这样。

　　在入定的过程中，个体的信息本能地释放出去，整体的信息自然地进来。就像打开门，外面的空气自然地进来一样。其实，道就在我们身边，无时无刻不存在，我们把身心一打开，它就进来了，进来以后内外就形成一体了。

　　当形成一体之后，就处于一种饱和的状态，就不会动了。一般只有在支离破碎的时候才会动。一旦形成整体，就没有来，没有去，没有真，没有假，随缘就势，随缘现形。

4) 입소정과 입대정의 차이

- **입소정**

 심맥이 열리는 과정인 주정(住定)의 상태가 되면 거울 속에 화면이 나타난다. 심맥이 열린 다음 바로 닫히게 되는데, 이렇게 반복적으로 '열렸다, 닫혔다'를 반복한다. 사람마다 인연이 다르듯이, 어떤 사람은 많이 하고 어떤 사람은 적게 반복한다. 하지만 반드시 이 열고 닫는 과정을 거쳐야만 한다.

 왜 열어야 하는가? '여는 것'은 작은 개체가 우주전체 안에 녹아드는 융합과정이다. 왜 닫아야 하는가? 닫은 상태에서 우주전체(정체:整體)가 합성되어야만 수많은 개체(個體)로 다시 나눌 수 있기 때문이다. 개체는 때에 따라 전체가 되고, 전체는 때에 따라 무수한 작은 개체로 갈라지는데, 부처와 보살의 화신(化身)이 형성되고 수행하는 과정이 이와 같다.

 입정하는 과정에서 개체의 정보는 본능적으로 방출되고, 전체의 정보가 자연스럽게 들어온다. 문을 열면 자연스레 바깥 공기가 들어오는 것과 같다. 도(道)는 항상 우리 곁에 존재하기 때문에, 우리가 몸과 마음을 열면 우리에게 들어오고, 들어오면 나와 우주가 하나가 되는 것이다.

 우주와 하나가 되면 일종의 포화 상태가 되기 때문에 움직이지 않게 된다. 보통 정신이 산만해질 때만 움직이는데, 일단 전체와 하나가 되면 오지도 않고 가지도 않으며, 진실도 없고 거짓도 없으며, 인연에 따라 변하고 인연에 따라 모습을 드러내

- **일상생활에서의 선정 입대정**

　　当一个人处于禅定中，旁人叫他，他是听不见的。当从四禅退到三禅、二禅、初禅，出定后，又有一个回炉的入定。回炉的入定是在日常生活中入定，不是在坐禅中入定。

　　在日常生活中的入定，已经没有任何形式了，你看他在吃饭、聊天、嬉笑怒骂，其实他是和整体的力量融为一体的。

　　这个时候，他内在禅定的定境和画面是不会被日常生活中的种种琐事、声色和事物所扰乱的。但外面有任何影像投射过来，他立刻就能感受到。当外面的影像过去后，他里面还是如如不动。内心就像一面镜子，镜子前出现什么景象，镜子里面就显现什么景象。当景象过去后，镜子里面亦复如是，不留痕迹，永远保持一个清净的画面。

　　前面讲的坐禅的入定还不是一种真正的大定，还处在状态当中。大定是从状态里面出来之后，在日常生活中入定，在日常生活中入的大定才是佛祖讲的真正意义上的入定。

게 된다.

- **일상생활에서의 선정 입대정**

한창 선정에 들어갔을 때는 옆에서 불러도 듣지 못한다. 4선에서 3선, 2선, 그리고 초선으로 물러나서 출정한 뒤에, 또 회로(回爐)하여 입정에 들어가게 된다. '회로하여 입정하는 것'은 일상생활 속에서 입정하는 것이지, 좌선한 상태에서 입정하는 것이 아니다.

일상생활에서의 입정은 더 이상 어떤 형식이 없다. 식사 하고, 수다 떨며, 장난하고, 욕설을 하고 있지만, 전체의 에너지와 하나가 되는 것이다.

일상의 소소함과 소리와 색깔 등등의 사물에 의해 선정(禪定)의 화면이 흐트러지지 않는다. 하지만 바깥에 어떤 영상이 비춰지면 바로 느낄 수 있다. 외부의 영상이 지나간 뒤에도, 내면의 거울은 전혀 움직이지 않는다. 이때 그의 마음은 이미 거울이 되었기 때문에, 거울 앞에 보이는 그대로 거울에 투영된다. 하지만 보이던 것이 지나가면 거울에도 흔적이 남지 않으므로, 언제나 청정한 화면을 유지하는 것이다.

앞에서 말한 좌선할 때의 입정은 진정한 대정(大定)이 아니고, 아직 진행상태이다. 대정은 좌선에서 나와서 일상생활 속에서 입정하는 것이다. 일상생활 속에서 입정에 들어가는 것이야말로 부처님이 말씀하시는 진정한 의미의 입정이다.

在禅堂里、山洞中坐禅的入定，是一种小的入定，但对我们现代的凡夫来说，已经非常了不起了。

大菩萨和诸佛入的定，就是入在日常生活中，你根本看不到他在入定或出定。他虽然在吃喝玩乐，但实际上是在定中。他的心境就像明镜一样，时刻保持着一个画面，因为这时候他的内心就是一面镜子，不需要再有一个入、一个出。

要达到这样的境界，我们还需要通过前面半步的训练——从有意识的入定，到初禅、二禅、三禅、四禅，再从四禅里面退出来，将定境融入和贯穿到整个日常生活中，这样的定才是究竟的大定。这样一入一出之后，如如不动了，才算是真正的大功告成。

선방과 동굴 속에서 좌선해서 입정하는 것은 작은 입정이지만, 우리 현대 사람들에게는 그것도 대단한 것이다.

대보살과 여러 부처님들의 입정은 일상생활에서 입정하는 것이기 때문에, 그분들이 입정하고 출정하는 것을 볼 수 없다. 그분들이 먹고 마시고 즐기는 것 같지만, 사실은 대정(大定)에 들어가 있는 것이다. 그분들의 마음의 거울은 명경(明鏡)처럼 항상 화면을 유지하고 있는데, 이때 그분들의 마음은 거울이기 때문에 더 이상 입정과 출정을 할 필요가 없다.

그분들의 경지에 이르기 위해서, 우리는 계속하여 앞부분의 훈련을 해야 한다. 즉 의식적으로 입정을 해서 초선, 2선, 3선, 4선에 이르는 것이 전반부 훈련이다. 그 다음에 4선에서 물러나 일상생활 속에서 입정을 하는 것이 궁극의 대정이다. 이렇게 들락날락한 후에 마음이 여여부동의 경지가 되면, 그야말로 진정한 대성공을 알리게 되는 것이다.

4장. 三字明修行要訣

4장 3자명 수련

1. 三字明释义

三字明"嗡、嘎、吽"是最传统、最古老的一个咒语，是万咒之源。如果你们仔细观察，会发现所有的咒语都包含了"嗡、嘎、吽"这三个字。即便不是这三个字，也包含了这三种音。为什么呢？因为"嗡、嘎、吽"三个字的发音是宇宙的原始音。

宇宙间万事万物的演变，上至出世间，下至世间，都在"嗡、嘎、吽"三个字中得到充分的体现。俗世间的为人处事，各行各业的发展规律也都如此。

有的人会问为什么是"嗡、嘎、吽"而不是"嗡、啊、吽"呢？"嘎"和"啊"有什么区别？中间那个字即便写的是"啊"，发音也要发ga，就像般若的"般"，它的音是ban，但要读成bo一样。在念的时候，"嘎"这个音能把胸部的气发出去。

1. 삼자명의 뜻

　삼자명이라고 하는 '옹(ong嗡), 가(ga嘎), 훙(hung吽)'*의 세 글자는, 가장 전통적이고 오래된 진언이며 모든 진언의 뿌리이다. 세상의 모든 진언들을 자세히 관찰해 보면 3자명을 근본바탕으로 해서 이루어졌다. 삼자명의 세 글자를 직접 쓰지 않더라도, 삼자명의 세 가지 음파를 포함하고 있다. 왜 그럴까? '옹, 가, 훙' 세 글자의 발음이 우주의 원초적 진동음이기 때문이다.

　우주 안의 모든 일과 만물의 진화는, 위로는 출세간에 이르고 아래로는 세간에 이르기까지 모두 '옹, 가, 훙'이라는 세 글자로 충분히 구체화할 수 있기 때문이다. 심지어는 속세 사람들의 처세술과 모든 업종의 발전하는 법칙도 여기에서 벗어나지 않는다.

　어떤 사람들은 왜 '옹, 아, 훙'이 아니라 '옹, 가, 훙'이냐고 묻는다. '가'와 '아'의 차이는 무엇인가? 가운데의 '가'는 '아'라고 써도 '가'로 발음하여야 한다. '반야(般若)'의 '반'이 글자로 보면 '반'의 발음을 가졌으나, '반야'라고 읽을 때는 '보'로 발음하는 것과 같다. 금강송으로 읽을 때 '가'라고 해야 가슴을 울리는 발음이 나오는 것이다.

---

* 입을 닫고 '옹'과 '훙'을 발음하면 처음에는 'ㅇ'이지만 나중에는 'ㅁ'으로 발음이 된다.

1) '옹~, 가~, 훙~'의 관계

"嗡、嘎、吽"三个字投影到娑婆世界就是"破、立、施"三意。

• 부수고 세운다

世间上有一句话叫"不破不立",无论是世间还是出世间的规则,都是不破不立。所以"嗡"就是破的意思,清理的意思,把外至周围,内至我们身心不好的思想、磁场全都破坏掉、摧毁掉。

"嘎"是建立的意思。也就是在破的基础上重新建立,叫先破后立。

最后再把所得到的、所拥有的分享给大家,叫做"吽"。先立后施。

所以,"嗡"就是把不好的东西赶走,摧毁掉。"嘎"是把好的东西招感过来,归我们所有。"吽"是释放,把得到的好东西与大家分享。

"嗡"也是释放,但它是破坏、摧毁后再整合的意思。"嘎"是建立、收获、成功的意思。"吽"是分享、布施的意思。

1) '옹~, 가~, 훙~'의 관계

'옹, 가, 훙'의 세 글자를 이 세상에 투영하면 '파(破:부수고), 립(立:세우고), 시(施:보시한다)'의 세 가지 의미가 된다.

● **부수고 세운다**

세상에는 "부수지 않으면 세울 수 없다(不破不立)"라는 말이 있는데, 세간법이나 출세간법이나 간에 모두 부수지 않으면 세울 수 없는 것이다. 그러므로 '옹'은 부순다는 의미이고, 깨끗이 청소한다는 의미이며, 바깥에서부터 주변으로 그리고 안에서 우리의 몸과 마음의 좋지 않은 생각과 좋지 않은 에너지장을 모두 부수고 파괴한다는 뜻이다.

'가'는 세운다는 뜻이다. 즉 부수고 난 뒤에 새로운 것을 세우는 것이다. 먼저 부수고 난 다음에 세우는 것이다.

마지막으로 '훙'은 얻고 소유한 것을 사람들에게 나누어 주면서 공유하는 것이다. 세운 다음에 보시하는 것이다.

그러므로 '옹'은 나쁜 물건을 몰아내고 부셔버리는 것이고, '가'는 좋은 물건을 불러들여서 소유하는 것이며, '훙'은 얻은 것을 사람들에게 나누어 주고 공유하는 것이다.

'옹'은 풀어서 내보내고 파괴하며 부셔버린 다음에 다시금 통합한다는 뜻이다. '가'는 세우고 수확하며 성공한다는 뜻이고, '훙'은 함께 향유하고 보시한다는 뜻인 것이다.

- **세운 뒤에 보시한다**

　　世出世间的规则都是破、立、施。如果你们仔细分析就会发现，世间万事万物都逃不出这三个字，都逃脱不了这个规则、这个道、这个理。

　　做人也是如此，第一步先端正我们的身心，纠正我们的言行；然后再树立良好的形象，接受正规系统的教育，充实自己，使自己学有所成；最后再把所学的分享和奉献给他人和社会。

　　我们修道也是如此。你有多大的破，就有多大的立；有多大的立，就有多大的施。所以世间有一句话叫：不破则不立，不立则无以施。

- 세운 뒤에 보시한다

출세간이나 세간은 모두 부수고 세우고 보시한다는 규칙이 있다. 자세히 분석하여 보면, 세간의 만사만물은 모두 이 세 글자를 벗어나지 못하고, 이 규칙을 벗어나지 못한다는 것을 발견하게 된다. 이것이 바로 '도(道)'이고 '이치(理)'이다.

사람의 일도 마찬가지이다. 우선 우리들의 몸과 마음을 단정히 하고 언행을 바르게 한 다음에(옹), 좋은 이미지를 수립하고 정규적이고 계통적인 교육을 받아서 자기를 충실히 하여야만 배움에서 성공할 수 있는 것이다(가). 성공한 다음에 자기가 배워서 얻은 모든 것을 사회와 인류에 봉사하면서 공유하는 것이다(훙).

불교를 배우고 도를 닦는 것도 역시 마찬가지이다. 얼마나 많이 부수는가에 따라 그만큼 크게 세우는 것이다. 또 세운 만큼 보시하게 된다. 그러므로 세간에서 "부수지 않으면 세울 수 없고, 세우지 못하면 보시할 것도 없다(不破則不立, 不立則无以施)"라고 한 것이다.

2) 옹가훙의 의미

- '옹~'은 부순다는 뜻이다

  第一步为破。念"嗡"的时候，观想你周围不好的磁场全部散开，同时观想你旧的思想观念、不良习惯、坏毛病和业力也全部散开，从你的体内释放出去，消散在虚空中。也就是通过一种意识观想，把体内不好的黑色能量和物质释放出去——这就是破。

2) 옹가훙의 의미

- **'옹~'은 부순다는 뜻이다**

　첫 번째로, '옹'자를 금강송으로 염송할 때 주위의 나쁜 에너지장이 다 흩어졌다고 관상한다. 동시에 자기 자신의 낡은 개념, 나쁜 버릇들도 다 몸에서 나가 허공으로 사라진다고 관상한다. 이와 같이 의식적으로 관상을 해서, 몸 안에 있는 검은 색깔의 나쁜 에너지와 물질들을 허공으로 날려 버리는 것이다. 이것이 바로 '부순다'는 뜻이다.

- '가~'는 건립하고 새로 세운다는 뜻이다

　　第二步为立。念"嘎"的时候，观想所有美好的事物从遥远的天边向我们包围过来，好的能量、白色的光包围着我们，把我们的全身都灌满。

　　就像很多人不远千里万里跑来，请我给他们摸头灌顶，为他们祈福祝福，我在给他们摸头祈福时念咒语，就是采用这种观想的方式，观想他们身体里面不好的磁场都出去了，好的能量通过我的手赋予了他们，充满了他们的全身。

- '가~'는 건립하고 새로 세운다는 뜻이다

　'가~'를 소리 내서 외울 때, 아름다운 사물들이 하늘 끝에서부터 나를 둘러싸며 다가와서, 나의 몸 전체에 좋은 에너지와 하얀색 물질들을 가득 채운다고 관상한다. 나를 새롭게 만들고 세우는 것이다.

　마치 사람들이 먼 길을 마다않고 나를 찾아와서, 내가 머리를 만지며 관정하면서 축복해 줄 것을 기대하는 것과 같다. 나는 사람들의 머리를 만져주며 복을 기원하고 진언을 소리 내어 외울 때 바로 이런 관상방식으로 한다. "그 사람의 몸에 있던 나쁜 에너지는 나가고, 좋은 에너지가 나의 손을 통해서 그 사람에게 전달되어 그 사람의 온 몸에 가득 찬다."고 관상하는 것이다.

- '훙~'은 보시하고 베푼다는 뜻이다.

> 第三步为施。念"吽"的时候,观想你身上的能量一下散开,分享给你周围和天下所有的众生。你不仅从头上放光,整个身体都在放光,能量从你全身扩散出去,只要在你周围跟你一起打坐的人,全都让他们受益——这是最大的法布施啊!

- **'훙~'은 보시하고 베푼다는 뜻이다.**

    '훙~'을 소리 내서 외울 때, 몸 안에 있는 자신의 에너지가 순식간에 흩어지며, 주위사람은 물론 세상의 모든 중생들에게 나누어 주고 공유한다고 관상한다. 이때 나의 정수리에서 빛을 방출할 뿐만 아니라, 온몸에서 다 빛을 발산하며 에너지를 확산시키는 것이다. 이렇게 하면, 같이 앉아서 좌선하는 사람들이 곧바로 그 이익을 보게 된다. 이것이 바로 최고로 좋은 보시이다.

3) 3자명을 염송하면 범혈륜이 열린다

　三字明的念诵是古人创立的修行方法之一。念咒语的目的是靠念的时候身体产生的气流和音波把人体的梵穴轮打开。按道家的理论，人体有七轮：海底轮、脐轮、心轮、喉轮、眉心轮、顶轮、梵穴轮。

　佛教有一个不变的观点：神识从头顶出去，就通往佛国，与佛国相应；从嘴巴出去，与天道相应；从心轮出去，与人道相应；从肚脐眼出去，与恶鬼道相应；从生殖器出去，与畜生道相应；从脚下出去，与地狱道相应。禅宗的基本理念是：关闭六根方能破无明，了生死。所以念诵三字明的目的就是为了了生死。

3) 3자명을 염송하면 범혈륜이 열린다

　3자명의 염송은 옛날 고인들의 수행방법중의 하나다. 진언을 소리 내서 염송하는 목적은, 염송할 때 생기는 기류와 음파의 진동력으로 범혈륜을 여는데 있다. 도가의 이론에 의하면 인체에는 해저륜(海底輪), 제륜(臍輪), 심륜(心輪), 후륜(喉輪), 미륜(眉輪), 정륜(頂輪), 범혈륜(梵穴輪) 등 일곱 개의 수레바퀴(輪)가 있다.

　불교에서는 "신식이 정수리로 나가야만 극락과 통해서 극락과 상응하고, 입으로 나가면 천도(天道)와 상응하고, 흉부 즉 심륜으로 나가면 인도(人道)와 상응하고, 배꼽으로 나가면 악귀도와 상응하고, 생식기로 나가면 축생도와 상응하고, 발바닥으로 나가면 지옥과 상응한다."는 관점이 있다. 즉 "육근을 닫아야만 무명을 타파하고 생사를 끝마친다고 하는 것"이 선종의 기본사상이므로, 3자명을 염송하는 목적은 생사를 끝마치기 위한 것이다.

4) 3자명을 염송하는 방법(三字明的念法)

- 금강송과 요가송

　　金刚诵/音念释义：三字明是采用"金刚诵"和"瑜伽诵"的念法来念诵。何谓金刚诵？何谓瑜伽诵？所谓金刚诵，也称为金刚念、音念，就是通过声音的振动力来念诵。而瑜伽诵则是在心中默念。

　　为什么称为音念，而不是声念呢？何谓声？何谓音？譬如寺庙里的钟或鼓，在敲下去的那一刹那发出的是声，之后振动的余波为音。当人们听到敲钟的声音时，真正听到的是音，而不是声。

　　声音有声波和音波，比如我们能听到远处传来的声音。味有味波，比如食堂做熟了饭菜，老远就能闻到饭菜的香味。光有光波，能照亮几百米以外的地方。

　　既然声音有波，高声地诵经念咒，有节奏地念诵，这种音波就会进入阿赖耶识，达到意想不到的效果（如治病、开智慧）。如果没有掌握节奏，高声地念诵会很累。

4) 3자명을 염송하는 방법

• 금강송과 요가송

　3자명은 '금강송'과 '요가송'의 두 가지 방법으로 염송한다. 무엇을 '금강송'이라고 하고 무엇을 '요가송'이라고 하는가? '금강송'은 '금강념(金剛念)' 혹은 '음념(音念)'을 말하는데, 성음(聲音)의 진동력으로 염송하는 것을 말한다. '요가송'은 소리내지 않고 마음속으로 '묵념(默念)'하는 것을 가리킨다.

　왜 '음념(音念)'이라고 하고 '성념(聲念)'이라고 하지 않았는가? 무엇이 '성(聲:소리)'이고 무엇이 '음(音:진동)'인가? 이를테면 절에서 종치고 북을 칠 때, 종치고 북을 칠 때 나는 소리를 '성'이라고 하고, 소리에 진동받아 울리는 음파를 '음'이라고 한다. 사람들이 종을 치는 소리를 들을 때, 정말 들리는 것은 소리가 아니라 '음'인 것이다.

　성음에는 성파(성의 파장)와 음파(음의 파장)가 있기 때문에, 우리는 멀리서 들려오는 소리를 들을 수 있다. 맛(미昧)에도 미파(맛의 파장)가 있기 때문에, 식당에서 음식을 익히면 멀리서도 음식의 맛이 내는 향기를 맡을 수 있다. 빛(광光)에도 광파(빛의 파장)가 있기 때문에, 몇 백 미터 떨어진 곳도 밝힐 수 있다.

　성음에 파장이 있기 때문에, 큰 소리로 음률에 맞춰 진언을 염송하면, 그 음파는 아뢰야식에 저장되어 생각 밖의 효과(병 치료 혹은 지혜문이 열릴 수 있다)를 얻는다. 만약 음률의 리듬

- 금강송과 이근의 계발

> **金刚诵/音念法的功效** 为什么古人读书、诵经要念出声呢？出声念有什么好处？如果出声念没什么意义，为什么古人要这么做呢？几千年来，中国人读书、诵经都是采用这种方式。按照佛教对六根的判断，耳根、意根具备的功能最多、最圆满。
>
> 《楞严经》中，佛祖对耳根圆通的描述是"当知耳根圆满一千二百种功德"，意根的功德排在耳根之后。
>
> 为什么我们通常用"耳聪目明，思维敏捷"来形容一个人呢？因为我们的头脑主要是靠眼根和耳根来收集信息。所谓"眼观六路，耳听八方"，实际上应该讲"耳听十方"才对。因为天上、人间乃至十方的声音，耳根都能听到。默念、默诵，由于未使用耳根的功能，功效不高。

을 맞추지 못하고 단지 큰 소리로 염송하면 아주 피곤할 뿐이다.

- 금강송과 이근의 계발

   옛날 사람들은 책을 읽거나 경전을 읽거나 왜 모두 소리를 내는가? 소리 내서 염송하면 무슨 좋은 점이 있는가? 소리를 내서 염송하는 것이 아무런 의미가 없다면, 무엇 때문에 몇 천 년 기나 긴 세월 동안 이런 방식으로 글을 읽었는가? 불교의 6근에 대한 평가를 보면, 이근(耳根)과 의근(意根)의 기능이 제일 많고, 원만한 능력이 있다.

   부처님께서 이근의 원만함을 『능엄경』에서 묘사하실 때, "이근의 원만에는 1200종의 공덕이 있음을 알거라."하시고, 의근의 공덕을 이근 다음이라고 평가해서 두셨다.

   우리는 왜 사람을 비유할 때 "귀도 밝고 눈도 밝으며 생각도 민첩하다"고 말할까? 우리의 두뇌가 주로 안근과 이근으로 정보를 수집하기 때문이다. "귀는 여덟 방향의 소리를 다 듣고 눈은 여섯 방향을 본다."는 말이 있는데, 사실은 "귀는 열 방향(8방 + 상하)의 소리를 다 들을 수 있다."고 해야 한다. 왜냐하면 이근은 하늘과 땅 그리고 인간세상의 열 방향의 소리를 다 들을 수 있기 때문이다. '묵념'을 하거나 '묵송'을 하면 이근의 기능을 사용하지 않았기 때문에 효과가 부족하다.

- **요가념과의 차이**

> 因此，无论念佛还是持咒，都应先金刚念（音念）一个阶段，再默念（瑜伽念）。如果直接用瑜伽念，只用眼根和意根，没有用耳根，耳根容易被外境所牵，很难收到好的效果。只有用金刚念，嘴、眼、耳、意根同时使用，才能进入诸根互进或同进的状态。

> 尤其是耳根很容易被外界声音干扰的人，更应该用金刚念，而不能用瑜伽念。只有当耳根能完全关闭时，才能用瑜伽念。
>
> 另外，用金刚念很容易降伏生理的气，使它不散乱，乃至使意识不散乱。我们坐这儿之所以妄念纷飞，说明气未住，神未闲。若气住神闲，则不会妄念纷飞，自然能入定。所谓气浮则心躁，心躁气更浮。

- 요가념과의 차이

    그러므로 염불하든지 진언을 염송하든지 간에, '금강념(음념)'으로 염송한 다음 묵념(요가념)으로 독송해야 하는 것이다. 만약 처음부터 요가념으로 읽으면 겨우 안근과 의근만 사용하였기 때문에, 이근이 외부의 유혹에 불려갈 수가 있으므로 좋은 효과를 보기 어렵다. 오직 금강념으로 소리 내어 읽으면서 '입, 눈, 귀, 의' 등을 다 같이 사용하여야만 6근이 상호작용을 하고 한 곳으로 집중하는 상태가 될 수 있다.

    특히 이근이 쉽게 외부 음성의 교란을 받는 사람은, 금강념으로 염송해야 하고 요가념으로 독송하면 안 된다. 오직 이근을 완전히 닫을 수 있어야만 요가념을 사용할 수 있는 것이다.

    또 금강념을 닦은 사람은 생리적인 기운을 쉽게 제압하고 의식이 흐트러지지 않는다. 우리가 좌선할 때 망념이 난무한다면, 기운이 가라앉지 않고 정신이 아직 한가해지지 못했다는 뜻이다. 기운이 가라앉고 정신이 한가해지면, 망념이 난무하지 않고 자연스럽게 입정(入定)할 수 있게 된다. 이른바 "기가 들뜨면 마음이 조급해지고, 마음이 조급해지면 기운이 또 들뜨게 된다."는 뜻이다.

● 기맥을 소통시키는 음류의 진동력

为何古人讲气沉丹田，而不说气住头顶？为何又说沉不住气会坏事？道理就在于此。

修成金刚念的人不会生气，不会有嗔恨心，也不会有欲望。身体上、中、下三部分靠金刚念的力量（即音流振动的力量）会加速畅通。古人讲金刚念的力量主要来自音流的振动。

"声"的力量比较粗糙，只有借助"音"的力量，才能把每个细胞都穿透。为什么三字明不采用声念的方式，而用音念的方式呢？因为声念比不上音念的力量大。

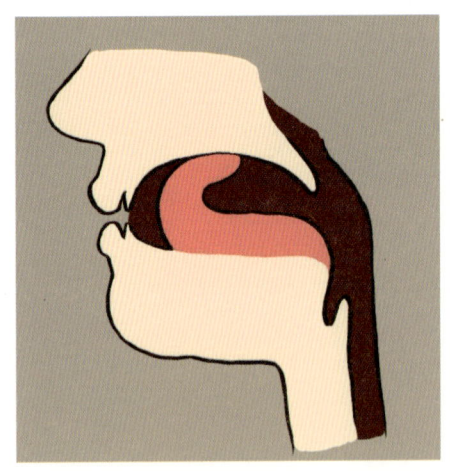

- **기맥을 소통시키는 음류의 진동력**

　왜 옛사람들은 "기를 단전에 가라앉히라"고 말하면서, "정수리에 머무르게 하라"는 말을 하지 않았는가? 또 기를 가라앉히고 머물게 하지 못하면 일을 망친다고 했는가? 이치가 여기에 있다.

　금강념을 수련한 사람은, 화를 낼 줄 모르고 원한을 품거나 욕심도 부리지 않는다. 신체의 상, 중, 하 세 부분이 금강념의 힘에 의거하면, 즉 음류(音流)가 진동하는 힘의 도움을 받으면 아주 빨리 통하게 되기 때문이다. 옛 사람들은 금강념의 힘은 음류의 진동력에서 온다고 하였다.

　'성'의 힘은 비교적 거칠기 때문에 '음'의 힘을 빌려야만 인체의 모든 세포들을 꿰뚫을 수 있다. 왜 3자명은 '성념(聲念)'의 방식을 사용하지 않고 '음념(音念)'의 방식으로 염송하는가? 왜냐하면 음념의 힘이 더 강력해서 성념의 힘이 따라갈 수가 없기 때문이다.

2. 3자명 수련방법

1) 3자명을 염송하는 자세(三字明的音念法)

　　念的时候，要注意头部的姿势：头不能抬起来，而是稍微往下垂，也不要垂得太低，如果太低，脖子会受到压抑。视线落在前面一米远距离的地方（这是最自然、最标准的），和身体正好保持垂直。身体是斜直、倾直的。

2) '옹~'의 수련

　　念的时候要配合呼吸，先用鼻孔吸气，把气吸到丹田，把肚子吸鼓，停留3~5秒钟，然后开始念"嗡——"。吸气的时候不念，呼气的时候念。念的时候要做到缓、慢、轻、柔、长。念的时候还要配合观想。

● 혀의 모양과 삼자명

　　怎样才是三字明最正确的念法呢？我今天想了半天，终于想到一个表法的工具——订书机（师拿出一订书机并打开，其中有三个部件），用订书机来表法太形象了！

2. 3자명 수련방법

1) 3자명을 염송하는 자세

   3자명을 소리 내서 외울 때 머리를 곧추세우는 것이 아니라, 약간 아래로 숙이되 너무 숙여도 안 된다. 만약 머리를 너무 숙이면 목젖이 눌리게 된다. 시선을 1미터 앞쪽(가장 자연스러운 표준이다)에 두고 몸과 정확히 수직을 유지한다. 몸은 똑바로 편 채 약간 앞쪽으로 기울인다.

2) '옹~'의 수련

   하단전까지 배가 불룩하도록 코로 숨을 들이마시고, 3~5초 정도 머무르다가 '옹~'을 소리 내서 외운다. 숨을 들이쉴 때는 소리를 내지 않고 내쉴 때 소리를 내는 것이다. 소리를 낼 때는 '느슨하게, 천천히, 가볍게, 부드럽게, 길게' 해야 하고, 반드시 관상을 하며 그에 맞춰 읽어야 한다.

- **혀의 모양과 삼자명**

   3자명을 어떻게 소리 내서 염송하는 것이 가장 정확한가? 곰곰이 생각한 결과 드디어 아주 정확하게 설명하는 도구를 생각해냈다. 바로 이 호치키스(스테이플러)로 수련방법을 설명하면

（师指着打开的订书机说）这就是我们的口腔（订书机上下两部分打开，像张开的口），中间是我们的舌头，后面三个部分的连接点就是我们的气管。

- **혀를 말면 진동력이 커진다**

你们在念"嗡"的时候，舌头不是顶着上腭，而是往上卷，用舌背平贴着上腭（念"吽"时也是如此）。

你们看，这么大的一个口腔，如果舌头放在下面（师把中间的部件放到下方），上面是一个大的空间，你一念咒语，气都在口腔里面憋着，不会通过气管往上升。

如果你念的时候把舌头卷起来往上贴，空间留在了口腔的后面，气被舌头封住，就不会跑到前面，念的时候产生的音流的振动力，就从我们的口腔通过咽喉里的气管往上升，头顶就有了振动力。

同时，舌头卷起来顶着上腭，舌下有个穴位会受到刺激，口水会变得很多。这种口水才是我们真正的生命能量。尽管舌头不卷起来贴着上腭，能量也会往上走。但是把舌头卷起来往上贴着上腭，这样念的效果跟没有卷舌头往上贴是决然不同的，大家可以感受一下。

아주 딱 맞다. 호치키스를 열면 세 부분으로 나뉘는데, 마치 입을 벌린 입안과 같다. 중간은 혀이고, 혀 뒤의 세 부분을 연결한 점이 바로 기관(기도)이다.

- **혀를 말면 진동력이 커진다**

'옹~'자를 소리 내서 외울 때, 혀끝을 상악에 대는 것이 아니라 혀를 들어서 상악과 평평하게 말아 붙인다.

보시다시피 입안은 아주 크다. 호치키스의 중간을 아래로 붙이듯이 혀를 자연스럽게 아래에 두면, 혀 위의 공간이 아주 크게 된다. 이런 상태에서 3자명을 소리 내서 염송하면, 기가 입안에 모이게 될 뿐이고 기관을 통해 위로 상승하지 못한다.

하지만 혀를 위로 들어 상악에 붙이면 입안의 뒷부분에 공간이 있게 되고, 기는 혀에 의해 막혀서 입 밖으로 새어나오지 못한다. 그러므로 소리 내서 외울 때 생기는 음류의 진동력이, 입안에서 인후로, 그리고 기관을 통해 위로 상승하면서 정수리를 진동시키게 되는 것이다.

또 혀를 말아 올려 입천장에 대면 혀 밑에 있는 혈(穴)이 자극을 받아서 침이 많이 나오게 된다. 이런 침이야말로 우리의 진정한 생명 에너지이다. 혀를 말아서 입천장에 붙이지 않아도 에너지는 위로 올라가기는 한다. 그런데 혀를 말지 않고 읽는 것 보다 혀를 말아서 입천장에 붙이고 음념을 하면 효과가 확연히 뛰어나다. 여러분이 한번 느껴보기를 바란다.

2) '가~'와 '훙~'의 수련

接着用同样方法吸气，然后念"嘎——"，把肚子念瘪。"嘎"是开口念，不需要卷舌。在念的时候，注意力和观想仍然放在头部。这一点（囟门）和梵穴轮是相通的。最后念第三个字"吽——"。

"嗡、嘎、吽"三个字中，"嗡"是闭口念，"嘎"是开口念，"吽"是闭口念。

念"吽"和念"嗡"一样，舌头也不能耷拉下来，一定要卷起来往上抬，气才能从头顶出去——那一点点的气就决定了你的生死！这时候头不能往上昂，也不能过于往下垂，要保持脊柱的畅通。

念"吽"和念"嗡"的时候，你们可以把舌头往下耷拉（即不卷舌）试一试，看看气是不是停留在嘴巴里不往上走。如果舌头一抬，气一下就从头上出去了，就这么微妙！

3) '가~'와 '훙~'의 수련

'옹~'을 외울 때와 같은 방법으로, 숨을 단전까지 가득 차게 들이마신 뒤 3~5초정도 머물렀다가, '가~'하면서 배를 홀쭉하게 내쉰다. '가'는 입을 열고 염송하는 것이므로, 혀를 말 필요가 없다. 소리 내서 외울 때 주의하며 관상하는 곳은 여전히 정수리의 '신문=정륜'인데, 범혈륜과 서로 통한다. 마지막으로 세 번째 글자인 '훙~'을 같은 방법으로 소리 내서 외운다.

'옹~, 가~, 훙~'의 세 글자 중에서 '옹~'은 입을 닫고 음념을 하고, '가~'는 입을 열고 음념을 하며, '훙~'은 입을 닫고 음념을 한다.

'훙~'과 '옹~'은 같은 형태로 음념을 하므로 혀를 축 늘어뜨릴 수 없다, 반드시 말아서 입천장으로 올려야 기가 머리 위로 나간다. 그 작은 기가 당신의 생사를 결정하는 것이다. 이때 고개를 위로 들어 올리거나 너무 아래로 당겨서는 안 되며, 척추로 기운이 잘 통하도록 유지하는 것이 필요하다.

'훙~'을 염송하고 '옹'을 염송할 때 혀를 아래로 늘어뜨리면 (혀를 말아 올리지 않으면), 기운이 입 안에 머물고 위로 올라가지 않는 것을 시험해 볼 수 있다. 반면에 혀를 말아 올리면 기가 혀를 따라 위로 올라가 정수리로 올라가는 미묘함이 있다.

3) 호흡과 관상

- **호흡의 길이는 자신의 역량대로 한다**

> 把气吸到丹田之后，这3～5秒停留的时间不是一个固定不变的数字，可以根据自己身体的素质、肺活量来定。有的人可能停留五秒，有的人可能停留二十秒，因每个人体质的不同、练习时间长短的不同而有所不同。

> 当你感到不能再停、不需要再停的时候，就开始念。舌头往上抬，保持一种很平稳、缓慢的速度，把音拖长，直到把气念完。

- **관상에 맞춰 호흡을 한다**

> 念的时候，意念仍然集中在眉间，很轻松自然地往前看，观想头部如莲花开放。
> 静坐的时候，与其坐着打妄想，不如一直念三字明或六字真言。念到没有妄想了，念着，念着，不知道自己在念了，就一直保持这种定境和观想的画面不动。

4) 호흡과 관상

- **호흡의 길이는 자신의 역량대로 한다**

    숨을 단전까지 들이마신 다음에 3~5초가량 머무르는 시간은 고정된 것이 아니다. 각자의 체질과 폐활량에 따라 정해지는 것이다. 5초정도 머무르는 사람도 있고, 20초정도 머무르는 사람도 있다. 체질이 다 다른 것이다. 사람의 체질에 따라, 또 수련한 시간에 따라 다른 것이다.

    더 이상 멈출 수 없고 멈출 필요가 없다고 느낄 때 3자명의 염송을 하기 시작한다. 혀를 위로 말아 올리고, 아주 안정적이면서도 느린 속도를 유지하며, 숨을 다 쉴 때까지 소리를 길게 끈다.

- **관상에 맞춰 호흡을 한다**

    소리 내어 읽으면서 의식을 미간에 집중하고, 머리가 연꽃처럼 활짝 피고 있다고 관상을 한다.

    좌선할 때는 앉아서 망상을 하기보다는 '3자명'이나 '6자진언'을 계속 읽는 것이 좋다. 망상이 없어질 때까지 염송하고, 염송하며, 내가 염송했는지도 모르는 채, 계속 입정의 광경과 관상하는 화면을 그대로 유지하는 것이다.

如果这个定境和画面破坏了，说明你有妄想、有杂念了，马上重念，重新再观想。念着，念着，又没有妄想了，就不需要再念了，还保持那个观想的画面，从眉间轻松自然地看着前方，上面兼顾观想莲花开放。

如果你不念咒语也可以，就像密宗一样，一定要加强观想，观想头顶开了，上面站着一尊佛。

观想的时候，你的心，也就是你的思想意识如果放在脚底，你的能量就到脚底；你的心放在胸腔，你的能量就到胸腔；你的心放在头顶，你的能量就到头顶……总之，你的心放在哪里，你身体的能量就到哪里。

佛教讲天上有三宝——日月星，地上有三宝——佛法僧，我们人体也有三宝——精气神。这九宝就是一宝，只是在不同的领域用不同的名称。

만약 이 입정의 광경과 관상한 화면이 깨진다면, 당신은 망상과 잡념을 했다는 뜻이다. 잡념이 있으면 다시 또 음념을 하고 다시 새롭게 관상을 한다. 염송하고 또 염송해서 망상이 없어지면 더 이상 염송을 할 필요가 없다. 그 관상의 화면을 유지한 채, 미간으로 편안하고 자연스럽게 앞을 바라보고, 머리 위에 연꽃이 피는 관상을 하고 있으면 된다.

3자명을 소리 내서 염송하지 않고 밀종(密宗)처럼 관상을 강화해도 된다. 정수리가 열렸고 그곳에 부처님이 앉아있다고 관상하여도 되는 것이다.

관상할 때 여러분의 의식을 발바닥에 두면 에너지가 발바닥으로 가고, 가슴에 두면 에너지가 가슴으로 가며, 마음을 정수리에 두면 에너지가 정수리로 간다. 즉 마음을 어디에 두면 몸 에너지가 바로 그곳으로 가는 것이다.

불교에서는 "하늘에는 일월성신의 삼보가 있고, 땅에는 불법승의 삼보가 있으며, 사람의 몸에는 정기신의 삼보가 있다."고 한다. 이 아홉 가지 보물은 사실 한 가지 보물이다. 단지 각기 다른 영역에서 각기 다른 명사를 사용했을 뿐이다.

3. 3자명의 효능

1) 3자명은 침을 방출하고 에너지를 상승시킨다

• 침은 많이 나올수록 좋다

音念三字明的功效 呼吸、念咒和观想，这三项完全可以同时做到。如果你能同时做到，你就能永远处在这个状态里，也就是所谓的一心不乱，眼前大放光明，口腔里的水缓缓而来。

前面也提到了口水是我们的生命能量，为什么这么说呢？"活"字怎么写？上面一个千，下面一个口，左边一个水。所以"活"字是由"千、口、水"组成，人要活，就必须把"千口水"修出来。"千口水"指的是我们身体的能量升上来了，口腔里的津液缓缓而来——舌下生水方长生。所以口水越多，人越健康长寿。

3. 3자명의 효능

1) 3자명은 침을 방출하고 에너지를 상승시킨다

• **침은 많이 나올수록 좋다**

'호흡, 음념, 관상'의 세 가지를 동시에 진행할 수 있고, 또한 오랜 기간을 이런 상태를 유지하면서 마음이 흐트러지지 않으면, 눈앞에 환한 빛이 방출되고 입안에는 물(침)이 천천히 솟아나온다.

침은 앞에서도 말했듯이 우리의 생명 에너지이다. 왜 그렇게 말하는가? '活(활)'자를 어떻게 쓰는가? 오른쪽 위에는 '千(천)'자이고 아래는 '口(구)'자이며, 왼쪽의 변은 '水(氵:수)'이다. 그러니까 '活(활)'자는 '千,口,水(천구수)'로 구성되어 있다. 사람이 살고자하면 반드시 이 '천구수'를 수련해서 얻어야 하는 것이다. '천구수'가 나온다는 것은, 몸의 에너지가 상승하고 입안에 진액(津液)이 솟아난다는 뜻이다. 이것이 바로 "혀 밑에 물이 솟아나야만 장수한다(舌下生水 方長生)*"는 말의 이치이다. 그러므로 입에 침이 많이 나오면 사람이 더 건강하게 오래 살 수 있는 것이다.

---

* '千,口,水(천구수)'는 또 '千+口=舌, 水(설수)'로도 볼 수 있다 혀 밑의 진액이라는 뜻이다.

- 삼자명은 에너지를 머리 위로 상승시킨다

　　当口腔的津液一来，生理的欲望就会更强烈。欲望一强烈，能量就会漏掉。能量一漏掉，这段时间你就白修了！如果这段时间你能通过一些方法不让欲望产生，能量没有漏掉，它就会往上升。

　　当能量升上来以后，头会往外鼓；眼前的光会非常明亮，眼睛炯炯有神，就像猫头鹰的眼睛一样，晚上可以看到东西；耳朵里的声音会特别响；而且你说话的声音也会变。

　　如果这时候你把六根都关闭，我们先天的门——囟门——自然就打开了。但是如果你不懂这个道理，提前做这一切是没有用的。必须等到下面的能量上来了，这样做才有效。

　　念三字明的时候，整个力量是往上升、往高处升。阳性的力量是往上升，不像阴气的力量那样是往下走。当能量上来之后，它在印堂、眉心这一带会盘旋很久，疏通这一带。这里是人体智慧的总开关。

• **삼자명은 에너지를 머리 위로 상승시킨다**

입안에 진액이 솟아나올 때는 사람의 성적 욕망도 강렬해진다. 욕망이 강렬해지면 곧바로 에너지가 새버린다. 에너지가 새버리면 그동안의 수련을 헛수고한 것이다. 만약 욕망이 생기지 않도록 방법을 강구한다면 에너지가 위로 상승할 것이다.

에너지가 위로 상승하면 머리가 불룩하게 커진다. 눈앞이 환해지고 눈빛은 초롱초롱해서 부엉이 눈과 같이 맑고 밝아진다. 밤에도 사물을 잘 볼 수 있고 귀가 잘 들리며, 말하는 음성도 변한다.

만약 이때 육근(六根)을 전부 닫으면, 선천의 문인 신문(囟門, 숫구멍)이 자연스럽게 열릴 것이다. 이러한 이치를 모르고 다음 단계로 넘어가겠다고 서두르면 헛수고이다. 반드시 다음 에너지가 올라올 때까지 기다려야 효과가 있는 것이다.

3자명을 소리 내서 염송하면 전체적인 에너지가 위로 올라가며, 또 에너지는 높은 곳으로 올라가야만 한다. 양성의 에너지는 위로 상승하고 음기처럼 아래로 하강하지 않기 때문이다. 에너지가 위로 오르면서 인당과 미간부위에 오랫동안 맴돌며 이 일대를 소통시키는데, 여기가 바로 인체의 지혜를 여는 메인스위치인 것이다.

2) 왜 정수리를 관상하는가?

　　三字明要持续不断地念，因为我们的下丹田是储存能量的，通过念三字明，就把能量从下丹田往上输送。能量是从哪里来的？一是从五谷而来，二是通过修炼从脚底产生，产生之后全都储存在丹田里面。

　　为什么叫"丹田"呢？"丹"是光灿灿的一团光，把它释放出去就能生育，调到中部就有无穷的力量，调到头顶就能开智慧，就能和圣人、和宇宙同一体。

　　这股能量可以储存在最上面，可以储存在中间，也可以储存在下面，所以称为上丹田、中丹田和下丹田，其实它们原本就是一个东西。

　　人体的精气神三者当中，神是挥发性的，气是流动性的，精是沉淀性的。既然精是沉淀性的，我们就有性欲；气是流动性的，我们就有力量；神是挥发性的，我们就能与万物同一体。

　　通过音念三字明，就能唤醒我们人体的精气神，从而达到与万物同一体的目的。

2) 왜 정수리를 관상하는가?

　계속 끊임없이 3자명을 소리 내서 외워야 한다. 왜냐하면 하단전은 에너지를 축적하는 곳인데, 3자명을 소리 내서 염송함으로써 하단전에 있는 에너지를 위로 전달할 수 있기 때문이다. 에너지는 어디에서 오는가? 오곡을 먹음으로써 만들어지고, 또 수련을 통하여 발바닥에서 생겨난다. 생겨난 다음에는 모두 단전에 축적되는 것이다.

　왜 '단전(丹田)'이라고 했는가? '단'은 반짝이는 한 덩어리의 빛이다. 이 빛나는 덩어리가 하단전으로 방출되면 자식을 낳을 수 있고, 중간(중단전)에 있으면 무궁한 힘이 되며, 정수리(상단전)로 가면 지혜문이 열려서 성인과 우주와 한 몸이 된다.

　이 에너지는 위에도 축적될 수 있고, 중간에도 축적될 수 있으며, 아래에도 축적될 수 있기 때문에, 상단전 중단전 하단전이 있게 된다. 이렇게 나누어보기는 하지만 본래 한 물건이다.

　사람의 '정, 기, 신'에서 '신'은 휘발성이고, '기'는 유동적이며, '정'은 침전되는 것이다. '정'이 침전되므로 성욕이 생기게 되고, '기'가 유동적이기 때문에 무궁한 힘을 소유할 수 있으며, '신'이 휘발성이 있으므로 우리들은 만물과 한 몸이 될 수 있는 것이다.

　3자명을 음념으로 명료하게 읽음으로써, 우리 인체의 정기신을 깨우쳐 만물과 하나가 되는 목적을 달성할 수 있는 것이다.

5장. 四个用功诀窍让你免走弯路

5장 시행착오를 피하는 네 가지 수련법

1. 激发后天之气的诀窍

> 1) 좌선하면서 위장이 부풀어 오르고, 트림을 하고, 정신이 몽롱하고, 산만해지는 원인

- **제일 먼저 탁기를 내보내야 한다**

　　打坐前，一上座就要往外呼气。气不往上翻腾、不浮动、不躁动了，心才会清净，才不会打妄想。如果气往上翻腾，妄想就特别多。

　　打坐过程中，如果气还是在往上浮，没有沉下去，就还要往外呼气。直到把气呼净了，吸气的时候，气才会彻底地沉下去。气不往上翻腾了，打坐就不容易产生妄念，也不会因为胃气不断上冲而导致打嗝。在刚开始的阶段，你每吸一口气沉入丹田，肚子都会自然地"咕噜"一声，过了这个阶段就不会再出现这种现象了。

1. 후천의 기를 분발시키는 비결

1) 좌선하면서 위장이 부풀어 오르고, 트림을 하고, 정신이 몽롱하고, 산만해지는 원인

● 제일 먼저 탁기를 내보내야 한다

좌선하려고 자리에 앉으면, 곧바로 탁기를 밖으로 내 보내야 한다. 기가 위로 끓어오르지 않고, 떠있지 않고, 조급하게 움직이지 않아야만, 마음이 청정해지고 망상과 번뇌가 없어진다. 기가 위로 끓어오르면 망상이 빈번해진다.

좌선하는 과정에서 기가 계속 떠있고 가라앉지 않으면, 입으로 숨을 계속 내쉬어서 정화시켜야 한다. 그래야만 들이 쉰 기가 아래로 가라앉는다. 기가 가라앉고 머무르지 않아야만 망상이 생기지 않고 트림도 없으며, 위장의 기도 올라오지 않아서 딸꾹질이 일어나지 않는다. 처음 시작할 때는 숨을 들이쉬는 대로 단전에 가라앉히면 '꾸르륵'하고 소리 나는데, 이 단계를 지나면 이런 현상도 없어진다.

- **기가 단전에 가라앉으면 말하기 싫어진다**

　　当气完全沉入丹田之后，人就不太愿意说话。因为一说话，就要把丹田的气拔上来，会感到很累。反之，如果气没有沉入丹田，而是往上浮，就会特别想说话。因为一开口说话，气就从嘴里释放出去了，就会感到胸部很舒畅。这就是气往上浮的人特别爱讲话，气沉下去的人不爱讲话的原因。

　　当气沉下去，不往上浮了，杂念也就不容易产生，你动一个念头都会感到特别累。因为你动一个念头，就意味着要把丹田的气拔上来。

　　也有的人气沉下去之后，马上就会昏沉。出现这种情况时，可以深吸一口气，让它停留在丹田，这样头脑得到氧气的补充，就不容易昏沉了。
　　但是，千万别让这股气停留在胃部，一定要沉入丹田，停留在丹田里。如果你没有学会沉气的方法，让气停留在胃部，就容易引起胃胀、打嗝。

　　你有意识地吸进来的这口气是后天之气。这口后天之气停留在丹田里，就容易把先天之气压下去，使它转向后背，进入督脉，上升到头顶。头脑得到这股先天的元气，

- 기가 단전에 가라앉으면 말하기 싫어진다

　　기가 완전히 단전에 가라앉으면 말하기 싫어지는데, 말을 할 때마다 하단전의 기를 입으로 올려야하므로 아주 힘들고 피로하기 때문이다. 반대로 기가 가라앉지 않고 떠있으면 말하고 싶어 하는데, 입 벌리고 말할 때마다 입에서 가스가 빠져나가서 가슴이 시원하고 편안해지기 때문이다. 이것이 바로 기가 떠있는 사람은 말하기 좋아하고, 기가 가라앉은 사람은 말하기 싫어하는 이유이다.

　　기가 가라앉고 위로 떠오르지 않으면 잡생각이 잘 나지 않는다, 한 가지 생각만 해도 매우 피곤한데, 한 가지 생각을 한다는 것은, 하단전에 가라앉은 기운을 끌어올리는 생각을 의미하기 때문이다.

　　어떤 사람은 기가 가라앉으면 곧바로 의식이 몽롱해진다. 이럴 때는 심호흡을 해서 기를 단전에 머무르게 하면, 머리에 산소를 보충해주게 되므로 몽롱함이 풀린다. 하지만 절대로 심호흡한 기를 위장에 머무르게 하면 안 된다. 반드시 단전에 가라앉히고 머물도록 해야 한다. 만약에 기를 가라앉히는 방법을 배우지 않고, 위장에 숨을 멈추게 하면 속이 더부룩하고 트림을 일으키게 된다.

　　당신이 의식적으로 들이 쉰 이 기는 후천의 기이다. 이 후천의 기가 단전에 머무르게 되면, 선천의 기가 눌리고 밀려서 등 뒤의 독맥으로 들어가서 정수리로 올라가게 된다. 두뇌가 이

就不容易昏沉。

- **기의 운용은 분무기의 원리와 같다**

　　你们都看到过喷雾器，它的原理就是通过打气筒，把"后天"之气打进壶里，把壶里原本储存的水逼出来。

　　我们可以把喷壶的打气筒比喻成我们的嘴，打进壶里的气就好比我们吸进丹田的气，喷壶里的水则如同我们体内的元气。我们修炼的元气很难升到头顶，尤其是男同志，元气一充足，就漏掉了。只有通过吸进后天之气，把元气逼到头顶，才不会漏掉。

　　这是有一套完整的方法的，其中有一些技巧，你们不要听到前面说的几句话就回去随便练，出了问题就不好办了。

　　修了这么久还不会调生理，又怎么会调心呢？佛祖讲"降伏其心"，我们现在连身体都降伏不了，我都为你们着急！

선천의 원기를 얻으면 의식이 몽롱해지지 않는다.

- **기의 운용은 분무기의 원리와 같다**

    분무기를 보았을 것이다. 분무기의 원리는, 공기펌프로 후천의 기를 주전자에 불어넣으면, 원래 주전자에 있던 물이 후천의 기에 압박받아 뿜어 나오는 것이다.

    분무기의 공기통을 사람의 입이라면, 공기통에 새로 불어넣는 기는 단전에 들이마신 기이고, 분무기에 있는 물은 우리 몸 속에 원래부터 있던 있는 원기이다. 우리들이 수련한 원기는 정수리로 오르기가 쉽지 않다. 특히 남성들은 일단 원기가 충족되면 바로 누설되어 버린다. 오직 후천의 기를 들이마셔서 선천의 기를 압박하여 두뇌로 밀어 올려야만 원기가 누설되지 않는다.

    이것은 한 세트의 완전한 수련방법이다. 이 수련방법 중 어떤 과정은, 몇 마디 말만 듣고 함부로 연습하면 문제가 생길 수 있다. 문제가 생기면 처리하기가 어려운 것이다.

    여러분이 오랫동안 수련했다고 하면서 생리조절도 할 줄 모르니, 어떻게 마음을 조절할 수 있겠는가? 부처님께서 우리들에게 "마음을 다스리라"고 말씀하셨는데, 여러분은 아직도 자신의 몸도 다스리지 못하고 있으니, 스승인 나는 여러분 때문에 마음이 조급하다.

2) 수련하는 비결(용功의 诀窍)

• **염불, 독경, 참선은 구별이 없다**

念佛、诵经、参禅没有区别：大家还是不知道用功究竟是念佛好、诵经好、还是打坐好吗？

我问你们：吃饭，究竟是吃包子好，还是吃馒头好？是吃面条好，还是吃稀饭好？

不都是根据自己的口味，爱吃什么就说什么好吗？不能因为你爱吃面食，就说大米不好；也不能因为你爱吃大米，就说面食不好。吃大米和吃面食都能填饱肚子，都可以强身健体。无论吃什么都不是目的，只是一个方法，通过这个方法让身体强壮，有精力，能好好地工作、生活。

有的人适合念佛，通过念佛容易达到专一；有的人适合念咒，通过念咒不散乱；有的人适合通过打坐对治妄念……无论你采用哪种方法，都不是目的，而是通过这个方法使你达到一心不乱，让你能静心、入定、开智慧——这才是目的！

直到现在还有一些人在分别"净宗的念佛法门高""禅宗的参禅法门高""密宗的修加行高"！如果你不会修这些方法，哪一个法门对你都没用！

2) 수련하는 비결

• **염불, 독경, 참선은 구별이 없다**

여러분은 불교공부를 할 때, "염불이 좋은가, 독경이 좋은가, 아니면 좌선이 좋은가?" 내가 여러분에게 "물만두 먹으면 좋은가, 찐빵 먹으면 좋은가, 아니면 국수 먹으면 좋은가, 죽을 먹으면 좋은가?"하고 묻는 것이다.

누구나 다 자기 입맛대로 먹고 싶은 것을 먹는다. 밀가루 음식을 좋아한다고 쌀밥을 나쁘다고 하면 안 되고, 쌀밥이 좋다고 밀가루 음식을 나쁘고 하여도 안 된다. 쌀밥이든 밀가루 음식이든 다 배를 채울 수 있고 몸을 건강하게 한다. 무엇을 먹든지 그것이 목적이 아니라 단지 방법에 불과하다. 이런 방법으로 정신과 몸이 건강해지면 열심히 일하면서 좋은 생활을 할 수 있다.

어떤 사람은 염불하는 방법으로 정신을 집중하고, 어떤 사람은 진언을 염송하는 방법으로 정신을 집중하고, 어떤 사람은 좌선하는 방법으로 정신을 집중한다. 어떤 방법을 사용하든 그 방법들은 모두 목적이 아니다. 그 방법으로 집중을 하고, 마음을 조용히 하여 입정하고, 지혜문을 여는 것이 목적인 것이다.

지금도 어떤 사람들은 "정토종 염불하는 방법이 최고다."라고 하고, 또 어떤 사람은 "선종의 참선법이 최고다," 또 "밀종의 사가행을 수련하는 것이 최고다."라고 한다. 하지만 수련할 줄 모르는 사람에게는 이 모든 수행법이 다 소용없다.

- **자신에게 맞는 수련법을 찾고 실천하라**

你说禅宗高，你不会参禅，有什么用？或者你说密宗高，你不会修密，又有什么用？如果你只会用念佛的方法，"念佛"对你而言就是最有用、最高的法门！

可是每个人都认为自己很聪明，都喜欢追求那些复杂的、"高"的！那些所谓"高"的方法你不会用，对你而言又有什么意义呢？最简单的方法都不会用，又怎么可能会用复杂的呢？如果你会用一种方法，所有的方法你都会用。

- **수련방법은 사람이 쓸모 있게 하는 것이다**

方法是死的，没血没肉、无情无义，它要靠一个活的东西来运作。这个活的东西就是我们的思想、我们的心，这才是有血有肉、有情有义的活东西！

既然方法是死的，你怎么能说这个方法高、那个方法低呢？如果你的智商高，给你一个方法，你会用，你就会说这个方法高；如果你的智商低，不会用，你就会说这个方法低，而且还会说其他的方法高。

- **자신에게 맞는 수련법을 찾고 실천하라**

    "선종이 좋다"는 사람이 참선할 줄 모르면 무슨 소용이 있고, "밀종이 좋다"는 사람이 밀법(密法)을 수련할 줄 모르면 또 무슨 소용이 있는가? 당신이 염불만 할 줄 안다면, 염불하는 방법이 제일 적합하고 최고의 수행방법인 것이다.

    하지만 사람마다 다 자기가 아주 총명하다고 생각해서, '복잡하고 최고다'하는 수행방법을 추구한다. 하지만 '최고다' 하는 방법을 수련할 줄 모르니, 당신에게 무슨 의미가 있겠는가? 간단한 방법도 사용할 줄 모르는 사람이 어떻게 복잡한 방법을 사용할 수 있겠는가? 한 가지 방법을 사용할 줄 알면 다른 모든 방법도 다 사용할 수 있을 것이다.

- **수련방법은 사람이 쓸모 있게 하는 것이다**

    수련방법은 죽은 것이다. 피도 없고 살도 없으며 정도 없다. 오직 살아 있는 물건에 의지해서 운영되어야만 산 것이다. 이 '살아있는 물건'이란 우리들의 사상과 마음이다. 이것에 의지하여야만 피와 살이 있고 정도 있고 의미도 있게 된다.

    수련방법이 죽은 것이라면, 어떻게 이 방법이 최고이고 저 방법이 좋지 않다고 구별하는가? IQ가 높은 사람이라면 한 가지 방법을 주어도 사용할 줄 알고, 그 방법이 최고의 수련방법이라고 할 것이다. IQ가 낮고 사용할 줄 모르는 사람이라면, 자기의 수련방법이 형편없다고 하면서 다른 방법이 더 좋다고

有的人说豆腐特别好吃，那是因为他喜欢吃豆腐；有的人说菠菜特别好吃，那也是因为他喜欢吃菠菜。大家都是根据自己个人的喜好、有限的认知水平而去妄加评判某个人、某件事、某样东西，乃至某个法门。

无论哪种方法，只要能对治你的散乱心，对你而言，它就是最好的方法。无论哪种饮食，只要对你的口味，就好吃；不对你的口味，你也不必说它不好吃。我曾经说过，你认为是垃圾的东西，对别人来说也许是黄金；对别人来说是垃圾的东西，对你来说也许也是黄金。

할 것이다.

두부 맛이 좋다는 사람은 두부를 즐기는 사람이고, 시금치 맛이 좋다는 사람은 시금치를 즐기는 사람이다. 사람들은 다 자기의 입맛대로 즐기고, 제한된 인지수준으로 사람을 평가하고 물건 또는 일을 평가하며 수행방법을 평가한다.

어떤 수행방법을 사용하든지 산만한 마음을 다스릴 수 있으면, 그 방법이 가장 좋은 방법이다. 어떤 음식이든 자기의 입맛에 맞으면 맛있는 음식인 것이다. 입맛에 맞지 않는다고 맛없는 음식이라고 평가하면 안 된다. 전에 나는 이런 말을 한 적이 있다. "네가 쓰레기라고 하는 물건도 다른 사람에게는 황금이 될 수 있고, 다른 사람에게 황금이 될 수 있는 물건도 너에게는 쓰레기가 될 수 있다."

2. 염불로 우주와 하나 되는 비결

3) 염불하는 비결(念佛的诀窍)

适合你的就是最高的法门

- 염불하는 목적은 집중하기 위한 것이다

　念佛达到一心不乱，与你诵经达到一心不乱，有什么区别？你打坐达到一心不乱，与你念佛、诵经、拜佛、持咒达到一心不乱，又有什么不同？

　无论你采用哪种方法，能达到一心不乱才是最重要的！方法不是目的，是手段。一心不乱是资本，通过这个资本唤出本来面目，到达西方净土，回归源头，这才是目的。

- 좋은 에너지와 정보를 생각해야 한다

　你可以不念经、不拜佛、不观想、不持咒，天天坐在那里念"苹果、苹果……"，也能达到一心不乱。但是天天念"苹果"达到一心不乱，会出现什么情况呢？你的头脑里、心灵里都充满了苹果的形象！

2. 염불로 우주와 하나 되는 비결

1) 염불하는 비결

자기에게 적합하면 최고의 수행방법이다
• **염불하는 목적은 집중하기 위한 것이다**

염불하여 일심불란에 도달하는 것과 독경하면서 일심불란에 도달하는 것과 차이가 무엇인가? 참선하여 일심불란에 도달하고, 염불하고 독경하며 예불하여 일심불란에 도달하고, 진언(주문)을 염송하여 일심불란에 도달하는 것과 무엇이 다른가?

무슨 방법을 사용하든 중요한 것은 일심불란에 도달하는 것이다. 수련방법은 목적이 아니라 수단이다. 오직 일심불란만이 자본이다. 이 일심불란을 자본으로 해서 본래면목을 불러내고, 서방정토에 도달하고 근원으로 회귀하는 것이 목적이다.

• **좋은 에너지와 정보를 생각해야 한다**

독경도 하지 않고, 예불도 하지 않고, 관상도 하지 않고, 진언도 염송하지 않으면서, 날마다 "사과! 사과!…"만 외워대도 일심불란에 도달할 수 있다. 하지만 날마다 "사과! 사과!…"하여서 일심불란에 도달하면 어떤 상황이 나타나겠는가? 당신의 머릿속과 마음속에는 전부 사과의 형상만 가득 차 있을 것이다.

因此，祖师们为了让人们既能达到一心不乱，头脑里又充满了宇宙的正能量和信息，就主张大家念佛，或者诵经、持咒、观想，因为这些都是与佛相关的正能量。

譬如你念"阿弥陀佛"的同时，头脑里就充满了阿弥陀佛的形象。这样既能达到一心不乱，又能把阿弥陀佛的形象观想出来，种进阿赖耶识里，也就是种进你的"灵魂"里。你在诵经的时候，就能把佛的智慧、佛的力量种进你的阿赖耶识里。

- 부처님이 못되더라도 선인과 복을 쌓을 수 있다

如果你的境界很高，这些最基础的功夫都修好了，在日常生活中做任何事情都能达到一心一意，身、心、物三者都能融为一体，没有能修的心，没有所修的法，也没有被修的果，这也是三轮体空的境界。果真能做到，就是佛的境界！可惜众生的根器太差，难以调教，只能让他们以此种点善因，培点福报。

그리하여 조사님들은 수행자들로 하여금 일심불란에 도달하면서도, 두뇌에 우주의 긍정적인 에너지와 정보들이 가득 찰 수 있도록, '염불하고, 독경하고, 진언을 염송하고, 관상하게' 하였다. 이런 것들은 모두 부처님과 관계되는 긍정적인 바른 에너지이기 때문이다.

이를테면 '어미타불'을 염송하면 두뇌에 어미타불의 형상이 가득해지는 것이다. 이렇게 하면 일심불란에 도달할 수 있을 뿐만 아니라, 어미타불의 형상을 짐작해서 관상할 수 있으며, 어미타불을 아뢰야식의 영혼 속에 심어 넣을 수 있다. 당신이 독경을 할 때, 부처님의 지혜와 힘을 당신의 아뢰야식에 심을 수 있는 것이다.

- **부처님이 못되더라도 선인과 복을 쌓을 수 있다**

만약 우리들의 수련의 경지가 높고 가장 기초적인 공부도 다 수련하였다면, 일상생활을 하는 가운데 그 어떤 일이든 한마음으로 '몸, 마음, 사물'의 셋이 융합하여 한 몸이 될 수 있다. 즉 '수련할 수 있는 마음'도 없고, '수련하는 방법'도 없으며, '수련한 결과'도 없게 되는 것이다. 이것이 바로 '삼륜체공(三輪體空)*의 경지'이다. 참으로 이렇게 할 수 있다면 바로 부처님의 경지이다. 안타깝게도 중생들의 그릇이 부족해서 가르치기 어렵기 때문에, 단지 그들에게 이 정도의 선인(善因)만 심어 넣고

---

* 보시한 자, 보시 받는 자, 보시한 물건의 주체가 모두 없어짐

所以过去的祖师，你问他怎么修行，他一看你不是那块料，便懒得教你。他知道教你，你也不会，干脆让你去念佛、拜佛、念经，种点善因，培点福报。

什么时候你的智慧开了，有了一定的层次，能修上乘大法的时候，他才把"法"传给你。往往在最初阶段，他就给你最初的法。如果你连最初的法都不愿意修，都修不进去，修不好，给你上乘大法又有什么用呢？

念佛法门是最简单的，你只要多念阿弥陀佛，哪怕念十句有九句散乱，只要有一句相应，种子就种进去了！

약간의 복을 쌓게 하는 것이다.

　옛날 조사님들에게 "어떻게 수행하는가?"하고 물어도, 묻는 사람의 그릇이 안 되는 것을 알고는 가르치기 귀찮아한다. 왜냐하면 가르쳐 주어도 모르기 때문에, "염불하고 예불하고 독경하라."고 하면서, 단지 그들에게 선인이나 좀 심어 넣고 복을 쌓게 하는 것이다.

　지혜의 문이 열리고 일정한 차원에 도달하고, 상승법(上乘法)을 수련할 수 있을 때가 되어야만 비로소 '수련법'을 전수한다. 보통 처음 단계에는 '첫 단계의 수련법'만 전수한다. 만약 첫 단계의 기본적인 방법도 수련하기 싫고 수련할 수 없다면, 상승법을 준들 무슨 소용이 있겠는가?

　염불하는 수련방법은 가장 간단한 법문이다. 계속 '아미타불'만 지속적으로 염송하면 된다. 염불하는 과정에서 열 번을 해서 아홉 번을 산만해진다고 해도, 단 한 번만 상응할 수 있다면 아뢰야식에 '아미타불'의 종자를 심어 넣게 되는 것이다.

2) 우주의 에너지와 소통하는 비결

● 육근이 새면 곧바로 산만해진다

> 六根漏了就散乱：平时，无论在念佛、静坐还是做事，身心都要高度放松。只有在高度放松的情况下，你内在的能量才容易与外在的能量沟通，融为一体。

● 몸을 비울 수 있어야 한다

> 即使睡觉的时候，躺在床上也要让身体放松。你可以想象自己的身体彻底地松了，通透了，空了，消失了，就像烟雾一样飘散了，什么都没有了。这也是一种与宇宙能量沟通的技巧。但并不是用一次两次这个技巧就能和宇宙的能量沟通了。
>
> 还是那句老话：你没有达到一定层次，用这些方法也没有用。只有当你能随时随地把自己的身体空掉时，用这些方法才有用。
>
> 这个时候即便你是走在路上，只要动个念头，身体立刻就消失了。你感觉到你不是一个肉体，而是一种实实在在的力量在移动。你的手放在哪里，这个力量就到哪里；你碰到别人的手，这个力量就到别人的手上；你碰到别人的头，这个力量就到别人的头上。所谓的"加持力"就是这样来的，但前提条件是你与道的力量沟通了。

2) 우주의 에너지와 소통하는 비결

- **육근이 새면 곧바로 산만해진다**

  평소에 염불을 하든지 참선을 하든지, 아니면 일을 하든지 간에 몸과 마음이 고도로 느슨해야 한다. 오직 고도로 느슨한 상태가 되어야만 몸 안에 있는 내적 에너지가 외부의 에너지와 소통하고 융합하여 한 몸이 될 수 있다.

- **몸을 비울 수 있어야 한다**

  침상에 누워 잠을 자더라도 여전히 몸이 느슨해야 한다. 몸이 완전히 느슨해져서 투명해지고 비워지고 사라져서, 안개처럼 흩어지고 아무것도 없다고 상상한다. 이 역시 우주의 에너지와 소통하는 기법이다.

  하지만 이러한 기법을 한두 번 사용했다고 해서 우주와 소통할 수 있는 것은 아니다. 위에서 말한 바와 같이 일정한 차원에 도달하지 못한다면, 이런 방법은 쓸데없다. 오직 아무 때나 자기의 몸을 비울 수 있어야만 이 방법이 쓸모가 있는 것이다.

  길을 걸을 때라도 생각만 하면 몸이 바로 사라지고, 육체가 움직이는 것이 아니라 확실한 힘이 이동한다는 느낌이 든다. 손이 가는대로 그 힘이 따라 가며, 상대방에게 손을 대면 그 힘이 바로 그 사람의 손으로 가고, 머리에 손을 대면 그 힘이 바로 머리로 간다. '가피력'이라는 것도 이렇게 오는 것이다. 다만 전제조건은, 당신과 도의 힘이 소통되어야 한다는 것이다.

- **좌선할 때 산만하면 힘이 없다**

　为什么很多修行人都没有力气？主要原因就是他们的心太散乱了，把身心的力量都消耗掉了。如果他们不是那么散乱，身心的力量就不会大量地消耗，一旦专注地做一件事，全身心的力量都会集中到这件事情上。

　如果你的心很散乱，在做事的时候就无法全部集中在所做的事情上。因此，你力量的"度"就不够。就如同一个人的力量是十分，若有七分力量是散乱的，只有三分力量可以调动起来做事。

　如果你的心不散乱，很集中，就能把十分的力量都调动起来做事。当你骂人的时候，你是用十分的力量在骂人；当你挑水的时候，也是用十分的力量挑水。如果你很散乱，你的力量就无法发挥到十分，无论挑水、骂人，还是做其他事，都只能发挥到三分。剩余的七分力量都处在散乱中，无法集中到你所做的事情上，发挥不了作用。

- **좌선할 때 산만하면 힘이 없다**

　왜 힘이 없다는 수행자들이 많은가? 주요한 원인은 그들의 마음이 너무 산만해서 몸과 마음의 힘을 다 소모했기 때문이다. 만약 마음이 그처럼 산만하지 않았다면 몸과 마음의 힘을 많이 소모하지 않았을 것이고, 한 가지 일에만 집중했다면 혼신의 힘을 다해서 그 일에 집중했을 것이다.

　마음이 산만하면, 일을 할 때 마음을 집중할 수 없다. 왜냐하면 일할 때 힘쓰는 정도가 부족해지기 때문이다. 이를테면 사람의 힘이 10이라고 할 때, 7할의 힘이 흩어지면 3할의 힘만 동원할 수 있다.

　당신의 마음이 흐트러지지 않고 집중한다면, 10의 힘을 모두 동원하여 일을 할 수 있을 것이다. 이를테면, 욕을 하여도 10의 힘으로 욕을 하고, 물을 길어도 역시 10의 힘으로 물을 긷게 된다. 마음이 산만해지면 10의 힘을 다 발휘하지 못한다. 물을 긷든 욕을 하든 그 어떤 일을 하더라도 3할의 힘으로 밖에 일하지 못한다. 나머지 7할의 힘은 산만에 흐트러져서 하는 일에 집중할 수 없고 제 기능을 발휘하지 못하는 것이다.

● 두뇌는 항상 깨어있으면서 기력을 소모시킨다

我们的六根昼夜都在漏,为什么会漏呢?就是因为散乱心太重了,把我们的元气都漏掉了,心力也漏掉了!

为什么小孩子不知道疲倦呢?就算他跑得满头大汗,你以为他累了,或者他真的累了,休息上十分钟、半个小时,或者睡一个晚上,第二天又很精神了。

你们是否有过同样的经历?小时候从不知道什么叫"疲劳",整天噔、噔、噔地到处跑,手脚不停,吃饱了还能吃!长大以后,一当家作主,一开始思考问题,就知道疲劳了。

为什么会这样呢?因为小孩子的六根没有漏,当他休息的时候,六根都处于关闭的状态。而我们不仅白天在漏,就是睡觉的时候,六根也在漏。

就算你睡觉的时候把眼睛闭上了,耳朵不听了,嘴巴也不讲了,可是你的独头意识——意根——没有停止,它还在漏!因为意根不需要借助前五根,它可以单独行动。这样你们就明白了为什么自己没有力气,为什么干完活以后就算休息,体力也难以恢复了。

- **두뇌는 항상 깨어있으면서 기력을 소모시킨다**

    지금 우리 수행자들의 육근은 밤낮을 가리지 않고 누설되고 있다. 왜 누설되는가? 마음이 너무 산만하기 때문에, 원기가 새서 흘러버리고 정신을 소모해 버리기 때문이다.

    어린이들은 왜 피로를 모르는가? 아무리 땀투성이 되도록 달음질 하여도 힘든 줄 모른다. 혹은 진짜 힘들어도 10분이나 30분, 혹은 하룻밤만 자고나면 다음날 다시 또 기운이 난다.

    당신들도 어린 시절에는 피로가 무엇인지 모르고 살았다. 하루 종일 쿵쿵 뛰며 손발을 쉴 새 없이 놀리고, 배부르게 먹어도 또 더 먹을 수 있었다. 어른이 되고 주인공이 된 다음부터, 문제의식을 갖고 사고하기 시작하면서 피로를 알게 된 것이다.

    왜 그런가? 어린애들의 육근, 특히 그들이 휴식할 때의 육근은 닫혀있는 상태여서 새는 것이 없기 때문이다. 하지만 어른들의 육근은 낮에도 새고 있을 뿐만 아니라, 잠을 잘 때도 새고 있다.

    당신이 잠을 잘 때, 눈을 감고 귀는 듣지 못하며 말도 하지 않더라도, 두뇌의 의식만은 즉 '의근(意根)'은 끊임없이 새며 누설하고 있다. 왜냐하면 의식은 전5식의 도움 없이 단독으로 행동할 수 있기 때문이다. 이제는 왜 기운이 없는지, 일을 끝내고 쉬어도 왜 체력이 회복되지 않는지 알 수 있을 것이다.

6장. 东华禅 静功

6장 동화선 정공(좌선공부)

1. 동화선 좌선공부

"东华禅静功"是万行大和尚揉合了禅、净、密三家法门的精髓而创编,由"调姿势、调呼吸、调意念"三个步骤组成,根据万咒之源"三字明"的咒语,再结合"金刚诵"和"瑜伽诵"的念咒法而形成的法门,最终依念咒时人体产生的气流和音波打开梵穴轮,与宇宙能量合二为一,从而达到与万物同一体的境界。

人的身体就像一支莲花,头是莲花苞,身体、脊柱是莲花杆。要想让这朵莲花苞开放,就必须通过莲花杆把莲藕里的大量能量输送给莲花苞,花苞才能层层绽放。这就是东华禅动、静功的操作原理。

注意:打坐要在饭后半小时或一小时之后。
打坐的姿势正确,呼吸就顺畅,身体就越坐越轻松。

1. 동화선 좌선공부

'동화선 좌선공부'는 만행 큰스님께서 '선종, 정토종, 밀종'의 수련방법의 정수를 조화시켜 만든 것이다. '자세를 조절하고, 호흡을 조절하며, 의식을 조절하는' 3단계로 이루어졌다. 모든 진언(주문)의 근원인 '삼자명(三字明)' 진언에 '금강송'과 '요가송(瑜伽頌)'의 음념법을 더해서 재결합한 수련방법이다. 진언을 염송할 때 인체에서 생기는 기의 흐름과 음파의 진동력으로 범혈륜을 열고 우주의 에너지와 하나가 되어 만물과 한 몸이 되는 경지에 도달하게 된다.

사람의 몸은 마치 한 송이 연꽃과 같다. 머리는 연꽃봉오리, 몸과 척추는 연꽃 줄기이다. 이 연꽃 봉오리를 피우려면 연꽃 줄기를 통하여 뿌리에 있는 대량의 에너지를 봉오리에 전달하여야만 꽃봉오리가 겹겹이 피어날 수 있다. 이것이 바로 동화선 좌선공부와 동공의 작동원리이다.

좌선은 식사 후 30분이나 한 시간 뒤에 하여야 한다. 좌선할 때 자세가 바르고 정확하여야, 호흡이 순조롭고 앉으면 앉을수록 몸이 가벼워진다.

척추는 곧게 세우고(脊柱立直) 몸은 앞으로 기울인다.(身體前傾)

1) 좌선수련의 세 가지 조절

打坐用功不外乎三个要素：一调姿势，二调呼吸，三调意念。没有三调，十人九禅病，越禅坐，越面黄肌瘦，疾病缠身。

2) 자세 조절

- **다리의 자세**

    腿部姿势　打坐的腿部姿势有三种：散盘、单盘和双盘。散盘练习一段时间后自然就会单盘，单盘练习一段时间后则可双盘。

    1. 散盘：左右脚叉开。

    2. 单盘：初练时，把一边脚放在另一边的小腿上即可，不需要放在大腿上，放在大腿上，身体会不平衡。当腿盘软了之后，放在大腿上也能保持平衡时，就放到大腿上，为双盘做准备。

    3. 双盘：在单盘盘好的基础上，把压在下面的另一只脚拉上来，放在大腿上。

1) 좌선수련의 세 가지 조절

좌선수련은 '자세를 조절한다, 호흡을 조절한다, 의식을 조절한다'의 세 가지 요소뿐이다. 이 세 가지를 조절하지 않으면, 열에 아홉은 선병에 걸리고, 참선하면 할수록 얼굴이 누렇게 뜨고 질병에 시달린다.

2) 자세 조절

- **다리의 자세**

좌선할 때의 다리 자세는 '산가부좌, 단가부좌, 완전가부좌'의 세 가지이다. 산가부좌를 연습한 다음 단가부좌를 하게 되고, 단가부좌를 일정시간 연습한 뒤에는 완전가부좌를 할 수 있게 된다.

① 산가부좌: 왼쪽과 오른쪽 다리를 벌리고 자유롭게 앉는다.

② 단가부좌: 처음 연습할 때는 한쪽 발을 반대쪽 종아리 위에 올려두기만 하면 된다. 굳이 허벅지 위에 올리려고 하지 말아야 한다. 허벅지 위에 올리면 몸의 좌우균형이 잡히지 않기 때문이다. 나중에 다리가 유연해져서 허벅지 위에 올려도 균형을 유지할 수 있을 때, 허벅지 위에 올리면 된다. 이는 완전가부좌를 준비하는 과정이다.

- 손 자세

  手部姿势

  1. 手可以自然地搭在膝盖上;
  2. 或是左手端着右手,两个拇指尖相触,放在丹田下。

- 상체 자세

  1. 肩要开,并且要往下沉,塌下来,放松。
  2. 下巴微微内含。
  3. 脊柱挺直。
  4. 臀部往后翘。
  5. 身体微微往前倾,重心落在两个膝盖上,尾巴骨悬空。如果笔直地坐着,身体的重量就落在臀部,把尾巴骨压住了,压久了之后,气血就无法循环到后背,脊背就会缺血,脑供氧就会不足。初学者最好垫一个约2寸高(1寸约为3.33厘米)的垫子。
  6. 如有裤带、腰带等,需松开。

③ 완전가부좌: 단가부좌를 완성한 상태에서, 아래에 있던 발을 끌어올려 반대쪽 허벅지 위에 올리는 자세이다.

• 손 자세

   손은 자연스럽게 무릎 위에 올려놓는다.

   혹은 오른손을 왼손 위에 놓고 엄지손가락을 맞대어 단전 아래에 놓는다.

• 상체 자세

   ① 어깨를 쭉 펴고 아래로 늘어뜨리며, 몸은 느슨하게 한다.
   ② 턱은 약간 낮추되, 안으로 살짝 당긴다.
   ③ 척추를 곧게 펴야 한다.
   ④ 엉덩이를 뒤로 살짝 빼서 몸을 약간 앞으로 기울이고, 몸의 무게중심을 두 무릎에 두는 게 좋다.
   ⑤ 꼬리뼈는 살짝 허공에 떠 있어야 한다. 만약 몸을 앞으로 기울이지 않고 똑바로 앉으면, 체중이 엉덩이에 실리게 되고, 그로 인해 꼬리뼈가 눌리게 된다. 꼬리뼈가 오랫동안 눌리면, 기혈이 등으로 원활하게 흐르지 못하게 되고, 등쪽에 혈액 공급이 부족해진다. 결국 충분한 산소를 두뇌에 공급하지 못하게 된다. 초보자들은 약 손가락 두 마디 정도 되는 높이의 방석을 까는 것이 좋다(손가락 1마디는 약 3.33cm이다.)
   ⑥ 허리띠 등 몸을 압박하는 끈이 있다면 느슨하게 풀어야 한다.

● 얼굴 자세

    1. 全身放松，面带微笑。

    2. 在精神的时候闭上眼，昏沉的时候睁开眼，可灵活运用。

    3. 舌顶上腭：舌头向上回勾，用舌背顶着上腭。牙齿自然放松、闭合。

    4. 年轻人打坐时，不需要舌顶上腭，过了更年期的人可以舌顶上腭。

3) 호흡 조절

● 본격적인 호흡을 하기 전에 탁기를 배출한다

    念头和呼吸是一体的。呼吸不错乱，念头也不会跑；念头不跑，呼吸也不会错乱。

    调呼吸时，用鼻子吸气，嘴巴呼气。鼻子把气吸进来以后，经过咽喉到胸腔再到丹田，在丹田停留3～5秒后再呼气。

- 얼굴 자세

    ① 온 몸을 이완하고, 얼굴에는 미소를 띤다.

    ② 정신이 맑을 때는 눈을 감고, 졸음이 올 때는 눈을 뜨는 등 상황에 맞게 유연하게 조절한다.

    ③ 혀는 위쪽 입천장에 닿게 한다. 즉 혀를 위로 말아 혀 뒤쪽이 입천장을 누르게 한다. 치아는 자연스럽게 이완된 상태에서 입을 닫는다.

    ④ 젊은 사람들은 좌선할 때 혀를 입천장에 닿게 할 필요는 없지만, 갱년기를 지난 사람들은 혀를 입천장에 닿게 하는 게 좋다.

3) 호흡 조절

- 본격적인 호흡을 하기 전에 탁기를 배출한다

    생각과 호흡은 하나로 연결되어 있다. 호흡이 흐트러지지 않으면 생각도 방황하지 않고, 생각이 방황하지 않으면 호흡도 흐트러지지 않는다.

    호흡을 조절하기 전에 먼저, 코로 숨을 들이쉬고 입으로 내쉰다. 코로 공기를 들이마신 후, 그 공기가 목구멍을 지나 가슴을 거쳐 단전에 이르도록 한다. 단전에서 3~5초 정도 머문 후 천천히 입으로 내쉰다.

    내쉴 때는 단전에 있는 기운을 완전히 배출해서 배를 납작하

呼气时要把丹田里的气呼干净，把肚子呼瘪，稍作停顿再吸气。如此反复，直到丹田里没有气，都呼干净了，不能再呼了，才算调完呼吸。

- 좌선할 때는 코로만 숨을 들이쉬고 내쉰다

调完呼吸后，在打坐中呼吸都是顺其自然，鼻孔吸，鼻孔呼。

打坐时，呼吸要习惯性地、有意识地把气沉入丹田。一旦你把这个方法训练成了习惯，平时在生活中，乃至在睡觉时，吸进来的气都会自然地沉入丹田。如果吸进来的气进入丹田，越坐，眼前的光会越明亮。

通常吸气的时候，有的人吸到咽喉，有的人吸到胸腔，有的人吸到丹田，而一个禅定功夫好的人，则可能顺着腿的内侧到大腿、小腿再到脚部，转一圈，通过脚的外侧往上走，回到身体的后部，也就是夹脊、后背，从后背升到头顶，再从前额沉下来，也就是在身体里循环一圈。

刚开始练习时做不到这样，只要把每一口气通过鼻孔吸到丹田即可。

게 만든다. 잠시 멈춘 후 다시 들이쉰다. 이렇게 반복하여 단전의 기운이 모두 빠져나가 더 이상 내쉴 수 없을 때까지 호흡을 조절한다. 이래야 비로소 호흡 조절이 완료된 것이다.

- **좌선할 때는 코로만 숨을 들이쉬고 내쉰다**

    호흡 조절을 마친 뒤에는, 좌선을 하면서 호흡을 자연스럽게 하되, 코로 들이쉬고 코로 내쉰다. 좌선할 때는 의식적으로 호흡을 단전에 가라앉히는 습관을 들여야 한다. 이 방법을 꾸준히 연습하여 습관이 되면, 일상생활을 하면서는 물론이고, 잠을 잘 때도 들이마시는 공기가 자연스럽게 단전에 가라앉게 된다. 들이쉰 기운이 단전에 도달하면, 그때부터는 좌선할수록 눈앞이 점점 밝아지게 된다.

    일반적으로 숨을 들이쉴 때, 어떤 사람은 목까지, 어떤 사람은 가슴까지, 또 어떤 사람은 단전까지 숨을 들이쉰다. 하지만, 선정을 깊이 닦은 사람은, 숨을 다리 안쪽을 따라 내려가 허벅지, 종아리, 발까지 순환시킨다. 그리고 발 바깥쪽을 통해 다시 위로 올라가, 몸의 뒷부분, 즉 척추와 등으로 돌아오고, 등에서 머리 꼭대기까지 올라간 다음, 이마 쪽으로 내려온다. 이렇게 몸 안에서 한 바퀴 순환하는 것이다.

    하지만 처음 연습할 때는 이렇게 하기 어렵다. 그냥 매번 숨을 코로 들이쉬어 단전까지 도달하게만 하면 된다.

4) 의식 조절(调意念)

- 미간으로 밖을 본다고 의식한다

  意念透过眉间往外看
  把我们的意念全部集中起来，透过眉间往外看。注意，意念不是守在眉间，而是透过眉间的慧眼看出去。

- 연꽃을 관상한다

  观想莲花 同时观想头部就是一朵开放的莲花，脖子、脊柱、身体是一根莲花杆，整个身体空掉了，消失了，变成了一支开放的莲花。

만행 큰스님이 미간을 통해 앞을 쭈욱 내다보는 것을 시연하는 모습

4) 의식 조절

- **미간으로 밖을 본다고 의식한다**

    우리의 의식을 모두 집중하여 미간을 통해 밖을 바라본다. 이때 의식은 미간에 머물러 있는 것이 아니라, 미간에 있는 지혜의 눈을 통해 바깥으로 나가는 것이다.

- **연꽃을 관상한다**

    동시에 나의 머리가 한 송이 활짝 핀 연꽃이라고 관상하고, 목과 척추, 몸은 연꽃의 줄기라고 관상한다. 몸 전체는 텅 비어 사라지고, 하나의 활짝 핀 연꽃이 된 것이다.

머리가 연꽃으로 되었다고 관상한다

몸은 사라지고 한 송이 연꽃만 피고 있다

- 각조를 유지한다

  保持觉照　念头来，就让它来，去，就让它去。我们保持觉照，能够看到它，但不跟随它，不要做一个参与者。

  所谓的无念并不是不起念，而是起念，但心中不停念，你不跟着念跑掉，用觉照的功夫看着它，觉察到它。

  八万四千法门离不开觉照，同样，东华禅也是在觉照二字上下功夫。觉是觉察，照是照顾，对自己的起心动念能觉察到的同时，也能照顾住它。

  一个修行人应该既能觉也能照。如果你能觉察到但照顾不到自己的起心动念，任由念头满天飞，那说明你的功夫还不够。

- **각조를 유지한다**

    생각이 떠오르면 그냥 떠오르게 두고, 사라지면 사라지게 둔다. 각조(깨어 있는 상태)를 유지하면서 그 생각들을 보기는 하지만, 발생한 생각을 따라가지 않고 참여자가 되지 않는 것이다.

    이른바 '무념'이란 생각이 전혀 일어나지 않는 것이 아니라, 생각은 일어나지만 마음이 그것에 머물러 붙잡히지 않는 상태를 말한다. 생각을 쫓아가지 않고, 깨어 있는 상태로 그 생각을 바라보고 알아차리기만 하는 것이다.

    8만 4천 가지 수련방법은 모두 각조(覺照)를 떠날 수 없고, 동화선(東華禪) 역시 각조 두 글자에 공력을 들인다. '각'은 알아차리는 것이고, '조'는 돌보는 것이다. 자신에게 일어나는 마음과 생각을 알아차리는 동시에 그것을 잘 돌보는 것이다.

    수행자는 각과 조를 모두 할 수 있어야 한다. 만약 자신에게 일어나는 마음과 생각을 알아차릴 수는 있지만, 그것을 제대로 돌보지 못하고 생각이 사방으로 흩어진다면, 이는 아직 수행공부가 충분하지 않다는 뜻이다.

- **나와 너의 구별이 없어진다**

    真正功夫够了，是能觉也能照。当功夫成片成势之后，才是所谓的"能所脱空知已灭"。这个时候整个人的身心都变成了觉知，已经没有能觉的和所觉的、能照的和所照的了。

- **동화선 수행과 의식의 전개**

    "目前无法意目前，
    闭目开眼往前看；
    有眼无珠人不识，
    一目了然观大千；
    剔目瞠眉黑变白，
    绵密不绝，
    能所脱空知已灭。"

    如果能理解这几句话，就是真正意义上的会用功。这是一个用功的次第和境界。

- **나와 너의 구별이 없어진다**

    공부가 참으로 충분해지면, '각'도 할 수 있고 '조'도 할 수 있게 된다. 공부가 일정한 경지에 이르러 힘을 이루고 흐름을 타게 되면, 이른바 "깨닫는 주체와 깨달음의 대상도 사라지고, 각지조차도 소멸되었다(能所脫空知已滅)"의 상태에 이른다. 이 때는 온몸과 마음이 순수한 각지로 변하고, 더 이상 '각'하는 주체와 '각'되는 대상, '조'하는 주체와 '조'되는 대상이 분리되지 않는 것이다.

- **동화선 수행과 의식의 전개**

    당장에는 볼 수 있는 방법이 없으나 의식을 눈앞에 두고/
    두 눈을 감고 지혜의 눈으로 앞을 내다보라/
    (미간에는) 눈동자가 없어서 볼 수가 없지만/
    일목요연해져서 대천세계를 한 눈에 다 보네/
    지혜의 눈으로 집중해서 앞을 내다보면 검은 것이 흰 것으로 되며/
    면밀하게 끊임없이 이어지네/
    닦으려는 마음이나 닦아진 마음이 모두 비워지며 각지조차 없어지네.

    이 몇 마디의 말을 이해할 수 있다면, 진정한 의미에서 수행을 제대로 하고 있다는 뜻이다.

5) 6자명과 3자명(六字明/三字明)

用"金刚诵"（金刚念、音念）和"瑜伽诵"（默念）的念法念三字明和六字明，首先可协调身体的阴阳二气，唤醒体内的精气神。

三字明的振动力是六字明的好几倍。如果你的气脉还未完全畅通，强大的力量容易把你微细的脉络堵塞。也就是说，如果一开始就念三字明，不但不利于你打通气脉，反而容易使你原本微细的气脉堵塞，所谓"欲速则不达"。

只有先念一个阶段（至少半年）六字明，再加上观想，然后才能念三字明。

● **육자명과 삼자명의 유래**

六字明与三字明的由来 宇宙最初是一股力量——一字明"嗡（ōng）"。后来演变成三股力量——三字明"嗡（ōng）、嘎（ga）、吽（hōng）"。由于三股的力量太大，后来的众生受不了，就变成了六股——六字明，也称六字真言——"嗡（ōng）、嘛（ma）、呢（nī）、叭（bēi）、咪（mēi）、吽（hōng）"。再往后就越来越多了。

5) 6자명과 3자명

'금강송'과 '요가송'*의 방식으로 삼자명과 육자명을 염송하면, 먼저 몸 안에 있는 음양 두 기운을 조화롭게 하고, 몸 안의 '정기신(精氣神)'을 깨울 수 있다.

삼자명의 진동력은 육자명보다 몇 배 더 강력하다. 만약 기맥이 아직 완전히 통하지 않은 상태에서 강한 진동력을 사용하면, 오히려 미세한 기맥이 막히기 쉽다. 즉, 처음부터 삼자명을 염송하면 기맥을 뚫는 데 도움이 되지 않을 뿐만 아니라, 원래 통하던 미세한 기맥마저 막히게 될 수 있다. 이를 "욕속즉부달(欲速則不達:너무 서두르면 오히려 목표에 도달하지 못한다)"이라 한다.

먼저 최소 반 년 동안 육자명을 염송하며 관상을 병행해야만 삼자명을 염송할 준비가 되는 것이다.

• **육자명과 삼자명의 유래**

우주는 처음에 하나의 힘으로 시작되었는데, 그것이 바로 일자명(一字明)인 '옹(嗡, ōng)'이다. 그 뒤에 세 가지 힘으로 나뉘어 발전했으며, 그것이 삼자명(三字明)인 '옹(嗡, ōng), 가(嘎,

---

* '금강송'은 소리내어 강하게 염송하는 방식으로, 진동을 통해 몸과 마음에 에너지를 전달하고 집중력을 높이는 데 도움이 된다. 반면 '요가송'은 소리 없이 마음속으로 조용히 염송하는 방식으로, 내면의 고요함과 집중력을 통해 정기를 수련하는 데 효과적이다. 이 두 가지 염송법을 적절히 사용하면, 신체의 에너지 균형을 맞추고 내적인 힘을 활성화하는 데 도움이 된다.

- **어떻게 육자명을 염송하는가?**

  如何音念六字明　嗡（ōng）嘛（ma）呢（nī）叭（bēi）咪（mēi）吽（hōng）

  念六字明时，先用鼻子吸气，沉入丹田，停3～5秒钟，在往外呼气的同时念"嗡"，即用发"嗡"音来代替呼气。念的时候要做到缓、慢、轻、柔、长。

  闭口发"嗡"音，口微张发"嘛"音，"呢、呗、咪"自然发音，闭口发"吽"音。（"嗡"和"吽"的念法可参照第四章"三字明修行要诀"中谈到的音念法与注意事项。）

  刚开始练习时，绝对不能自作聪明，自作主张，气停留在丹田不要超过5秒钟。练两三个月后，才能逐渐增加到5至10秒。

ga), 훙(吽, hōng)'이다. 이 세 가지 힘이 너무 강력하여, 후에 태어난 중생들은 그 힘을 견디기 어려워졌고, 결국 여섯 가지 힘으로 나뉘었다. 그것이 바로 육자명(六字明), 또는 육자진언(六字眞言)으로 불리는 '옹(嗡, ōng), 마(嘛, ma), 니(呢, nī), 베(叭, bēi), 메이(咪, mēi), 훙(吽, hōng)'이다. 그 이후에는 점점 더 많은 힘으로 분화되어 나갔다.

- **어떻게 육자명을 염송하는가?**

옹(嗡, ōng), 마(嘛, ma), 니(呢, nī), 베(叭, bēi), 메이(咪, mēi), 훙(吽, hōng)(한국에서는 '옴마니반메훔')

육자명을 염송할 때는 먼저 코로 숨을 깊이 들이마시고, 단전으로 가라앉힌 뒤 3~5초 동안 멈춘다. 그 후 숨을 내쉴 때 '옹~' 소리를 내면서 염송한다. 즉, 숨을 내쉬는 것을 '옹~'소리로 대신하는 것이다. 염송할 때는 천천히, 부드럽게, 가볍게, 길게 하는 것이 중요하다.

입을 다물고 '옹~'소리를 내고, 입을 살짝 벌리고 '마~'소리를 낸다. '니~, 베~, 메~'는 자연스럽게 발음하고, 다시 입을 다물고 '훙~'소리를 낸다. ('옹'과 '훙'의 발음 방법은 '제4장 삼자명 수행'의 발음법과 주의사항을 참조하면 된다.)

처음 연습할 때는 절대 스스로 판단하거나 주관적으로 하지 말고, 기가 단전에서 머무르는 시간을 5초를 넘기지 않도록 한다. 연습을 두세 달 정도 한 후에야 서서히 5초에서 10초로 늘릴 수 있다.

在教他人念时，一定要告诉对方只停留3～5秒。不能以你的等级来衡量和要求他人，操之过急。

- 삼자명(제 4장 삼자명 수행 요령 참조)
  三字明—— (**参看第四章"三字明修行要诀"**)

다른 사람에게 염송을 가르칠 때는, 반드시 그에게 3~5초 안에 멈추라고 해야 한다. 자신의 수준으로 다른 사람에게 요구하지 말고, 성급하고 조급하게 행동해서는 안 된다.

• **삼자명(제 4장 삼자명 수행 요령 참조)**

2. 좌선공부(정공)하며 생기는 문제

1) 좌선하는 자리에서 내려올 때(下座)

①下坐时，身体先左右晃一晃，让气血松一松。

②当气血松了之后，以双盘为例，先用手轻轻地把上面的脚搬下来，变成单盘，稍作停顿。

③再把手放回原位，开始呼气，把打坐过程中产生的一些虚热虚气呼干净，否则打完坐之后会出现打嗝的现象。

2. 좌선공부(정공)하며 생기는 문제

1) 좌선하는 자리에서 내려올 때

① 좌선하다가 일어설 때는 먼저 몸을 좌우로 살짝 흔들어 기혈을 풀어준다.

② 기혈이 풀어진 후에는, 예를 들어 완전가부좌 자세에서, 먼저 손으로 위에 있는 발을 부드럽게 내려 단가부좌 자세로 변환하고 잠시 멈춘다.

③ 다시 손을 원위치에 놓고, 숨을 내쉬기 시작하여 앉아 있는 동안 생긴 허열(虛熱)과 허기(虛氣)를 깨끗이 배출한다. 그렇지 않으면 좌선 후에 딸꾹질이 발생할 수 있다.

④之后再把另一只脚也放下来，变成散盘，这样就可以下坐，结束打坐了。

这些都是最初的基本方法，对于修行人来说，一般半年时间就应该全部超越、全部过关，转入心态的修行。

千万不要小看这些最基本的功夫。姿势一坐端正，前面的气往下一沉，能量就顺着背后的督脉往上输送。

如果前面的气浮，没有沉下来，背后的气就会下降，达不到还精补脑的效果，你的头脑就会昏沉，脑袋就干干瘪瘪的！

④ 그 후에 다른 발도 내려놓아 단가부좌 자세에서 산가부좌 자세로 변환한 후, 앉아 있는 자세를 마무리하고 좌선을 끝낸다.

이것들은 초기의 기본적인 방법들로, 대개의 수행자들은 반 년 정도 기간 동안에 모두 잘 하게 된다. 그 뒤로는 심리적인 수행으로 넘어가야 한다.

가장 기본적인 수행과정이지만 절대로 가볍게 여기지 말아야 한다. 자세를 바르게 잡고, 몸 앞의 기가 아래로 가라앉으면 에너지가 뒤쪽의 독맥을 따라 위로 운반된다.

만약 몸 앞의 기가 가라앉지 않고 떠 있는 상태라면, 몸 뒤쪽의 기가 올라가지 못하고 내려가면서, 환정보뇌의 효과를 얻지 못하게 된다. 그 결과로 머리가 탁해지고, 머리의 크기가 줄어들며 마르게 되는 것이다.

2) 좌선하면서 흔히 생기는 문제와 해결책

① 打坐昏沉怎么办？

答：打坐中昏沉时可以粗犷地呼吸，因为粗犷的呼吸能迅速产生氧气，所以头脑就不会昏沉。

② 打坐过程中感到胸闷、眩晕，该怎么对治？

答：在静坐的过程中，如果感到胸闷、眩晕，出现打嗝、胃胀、中焦上焦有火、虚火上炎等症状，都用深呼深吸来对治。呼的时候一定要把丹田里的气呼干净。

如果吸进来的气停留在胃部或者胸腔，那么坐禅的时候就会出现打嗝、胸闷的现象。如果吸进来的气沉到丹田，越坐眼前的光越明亮。

2) 좌선하면서 흔히 생기는 문제와 해결책

- 좌선하면서 두뇌가 혼탁해지면 어떻게 하는가?

  좌선 중에 머리가 무겁고 혼미할 때는 거칠게 호흡해도 된다. 거친 호흡은 빠르게 산소를 공급하여 두뇌가 혼미하지 않게 도와준다.

- 좌선하는 과정에서 가슴이 답답하거나 현기증이 생기면 어떻게 하는가?

  좌선 중에 가슴이 답답하거나 현기증을 느끼거나, 트림, 복부 팽만, 중초와 상초에 열감, 허열 등이 발생하면, 깊게 심호흡을 하여서 이를 해결한다. 특히 숨을 내쉴 때는 입을 통해 단전의 기를 완전히 배출하도록 한다.

  흡입한 기가 단전에 머무르지 않고 위장이나 가슴에 머무르면 트림이나 가슴 답답함이 발생할 수 있다. 반면에 흡입한 기가 단전으로 가라앉으면, 시간이 지날수록 시야가 점점 더 밝아진다.

7장. 东华禅 动功养生功法。

东华禅动功仅七个动作，源自古印度传统的瑜伽修炼法，能激活生命先天的能量，打通人体奇经八脉和十二经络，平衡体内阴阳，是一套简单易学，符合人体科学的养生功法。长练此功可以快速提升能量，达到强身健体、延年益寿的功效。

7장 동화선 동공

동화선 동공(기맥순환 체조공부)의 동작은 총 7가지로, 고대 인도의 전통요가수행법에서 유래되었다. 이 동작들은 생명의 선천적인 에너지를 활성화하고, 인체의 기경팔맥과 12경락을 열어주며, 몸 안의 음양을 균형 있게 맞추는 데 도움을 준다. 이 방법은 간단하고 배우기 쉬우며, 인체 과학에 부합하는 양생법이다.

이 동작을 장기간 연습하면 에너지를 빠르게 상승시킬 수 있으며, 신체를 강화하고 건강을 유지하며, 수명을 연장하는 효과를 얻을 수 있다.

1. 东华禅动功口诀

① 观音请圣心门开　　接通天地菩萨来
　　관음청성 심문개　　접통천지 보살래
② 仙鹤展翅双飞起　　面带微笑情满怀
　　선학전시 쌍비기　　면대미소 정만회
③ 河住江翻龙潜藏　　日出东方月更白
　　하주강번 용잠장　　일출동방 월경백
④ 乾坤旋转阴阳平　　风息浪静慧眼开
　　건곤선전 음양평　　풍식랑정 혜안개
⑤ 犀牛望月月升起　　一目了然黑变白
　　서우망월 월승기　　일목요연 흑변백
⑥ 荷花摇摆观自在　　不动一步证如来
　　하화요파 관자재　　부동일보 증여래
⑦ 立地冲天十地超　　七节动功莲花开
　　입지충천 십지초　　칠정동공 연화개

1. 동화선 동공구결

① 관음보살께서 성인(聖人)의 마음 문을 열어주시기를 청하니/ 천지의 보살들이 와서 기맥을 창통하게 하네

② 선학이 두 날개를 펼쳐 하늘로 날아오르니/ 미소 띤 얼굴에 정이 가득 하구나

③ 냇물을 막아 강물이 넘침에 숨어 있던 용이 보이고/ 동방에 해 솟아도 달빛은 더욱 밝게 비추네

④ 하늘과 땅을 돌리니 몸의 음양이 평형을 이루고/ 마음이 풍랑이 그치며 혜안이 열리네

⑤ 무소가 보름달을 바라보니 달이 솟아오르고/ 일목요연이라 검은 것이 흰 것으로 되네

⑥ 연꽃이 바람에 흔들리며 자재함을 보니/ 한 걸음 움직이지 않아도 여래를 증득하네

⑦ 땅에 서서 머리를 충격하니 10지를 초월하고/ 일곱 가지 동공을 수련하니 연꽃이 절로 피었네

2. 동공의 자세와 효용

아침공양을 마치고 동화사 광장에서 단체로 동공을 펼치는 제자들

중국어

한국어

● 검색창에 '동화선 동공'을 치면 동영상을 만나실 수 있습니다.

주의사항

시간 : 매일 아침 저녁 약 20분 정도를 수련하며, 각 동작을 9회 정도 반복한다.
호흡 : 코로 들여 마시고 입으로 내쉬는 호흡을 하되, 6번 동작만 자연스런 호흡을 한다. **요점** : 3, 4, 5동작을 할 때는 무릎을 굽히지 않아야 근골을 이완시키는 효과가 있다.

1 - 觀音請聖 관세음보살이 성인을 청하다

두 손으로 우주의 에너지를 모을 때 숨을 들이 쉬고, 나의 것으로 할 때 숨을 멈추며, 몸에 붓는 동작을 할 때 내쉰다. 에너지를 머리 위로 들어 올렸다가 정수리로부터 부어 넣으며 미간과 콧등을 지나 가슴으로 해서 아래로 내려가게 한다.

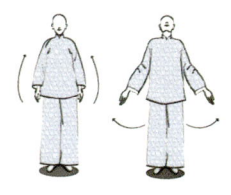

❶ 발을 모으고 곧게 서서 두 팔을 벌린다.
❷ 흡~ 두 팔의 끝으로 "우주의 끝을 잡아 천천히 당겨서 에너지덩이를 만들어 머리 위로 끌어 올린다"는 마음으로, 두 손을 머리 위로 모을 때까지 숨을 들이 쉰다.
❸ 숨 멈춤 머리 위로 모은 손을 위로 올리면서 허리를 쭉 편다. 이때 들이쉰 숨을 참고 내쉬지 않는다. 아래턱은 아래로 누르면서 뒤로 당긴다.
❹ 호~ "에너지 덩이를 정수리로부터 부어 넣어 하단전까지 내려오게 한다"는 마음으로 두 손을 서서히 내려서 머리와 얼굴 가슴 하단전까지

쓸어내리듯 아래로 내리면서 숨을 내 쉰다. 위와 같은 동작들을 5차례 반복한다.

❺ **요점** 반드시 우주의 기운을 모아서 내 몸에 들이붓는다는 생각을 한다. 손과 팔을 너무 쭉 펴지 않는다. 에너지 덩이를 위로 올릴 때 아래턱을 꾹 눌러야 한다.

❻ **효능** 말초신경까지 기운이 흐르고 특히 신장이 튼튼해지면서 에너지가 보충된다.

2 - 仙鶴展翅 선학이 날개를 펼치다

학이 날갯짓을 하며 날아가는 형상으로 호흡을 한다.

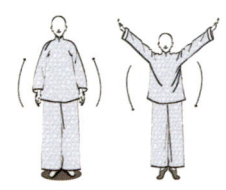

❶ **흡~** "선학이 두 날개를 펼친다"고 생각하고, 두 팔을 펼쳐서 위로 올리면서 숨을 들이쉰다. 이때 발끝을 들면서 팔을 올린다. 또 숨을 하단전까지 들이 쉰다.

❷ **숨멈춤** 두 팔이 어깨 위로 최대로 올라갔을 때 잠시 숨을 멈춘다. 발끝을 세우고 숨을 멈춘 상태에서 3~5초간 멈추었다가 더 서있지 못하게 되었을 때에 ③의 동작을 한다.

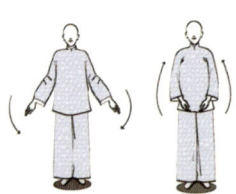

❸ **호~** "선학이 날개를 접는다"고 생각하며, 두 팔을 내려 단전으로 모으면서 숨을 내쉰다. 이때 들었던 발끝을 서서히 내리며 바닥을 디딘다. 이러한 동작을 5차례 반복한다. 이 동작을 할 때에는 발끝을 세워야 한다. 발을 모으고 하는 것이 원칙이지만, 초보자는 두 발 사이

를 조금 벌리면 쉽다.

❹ **효능** 어깨 팔목 등 관절에 유연성이 생긴다. 등 뒤로 뜨거운 기운이 오른다. 체내에 에너지가 쌓인다.

3 - 河住江飜 냇물을 막아 강물이 넘쳐 흐르다

두 다리를 벌리고 뒤로 허리를 제치면서 숨을 들이쉬었다가 허리를 앞으로 굽히면서 숨을 내쉰다. 허리를 앞으로 굽히면서 내쉴 때에는 마치 강물이 멈추었다가 급히 범람하듯이 한다.

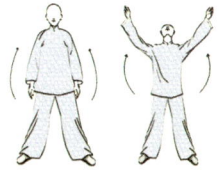

❶ **흡~** 어깨넓이 보다 조금 더 되게 두 다리를 벌린다. 두 팔을 벌리며 허리를 뒤로 제끼며 편다. 이 동작과 더불어 숨을 들이쉰다.

❷ **숨멈춤** 뒤로 충분히 제낀 상태에서 2~3초간 숨을 멈춘다.

❸ **호~** 허리를 앞으로 숙이되, 두 팔을 급하게 내려 가랑이 안으로 들어가게 하면서 숨을 내쉰다.

이 동작을 5차례 반복한다. 일곱 가지 동작 중에서 이 동작만 좀 빠른 편이다. 굽힐 때 두 손바닥이 자신의 아래 허리를 치도록 최대한 허리를 구부린다.

❹ **요점** 두 발로 땅을 굳게 디디고 버틴다. 위에서 아래로 세차게 내리 붓는다.

❺ **효능** 하단전과 회음에 쌓인 기운이 독맥따라 위로 올라간다. 뱃살이 빠진다. 허리의 통증이 사라진다.

4 - 乾坤旋轉 천하를 돌리다

손을 잡으며 깍지를 낀다. 위로는 최대한 허리를 뒤로 돌리며 원을 그리면서 하늘을 돌리듯이 하고, 아래로 허리를 굽히며 원을 그려서 땅을 돌리듯이 하는 것이다.

❶ 흡~ 다리를 어깨넓이만큼 자연스럽게 벌리고 선다. 손깍지를 끼고 손바닥을 위로 향하게 한 다음에 얼굴 위를 좌에서 우로 지나가면서 숨을 들이쉰다.

❷ 숨멈춤 깍지 낀 손이 얼굴 오른쪽으로 최대로 가 있을 때 잠시 숨을 멈춘다.

❸ 호~ 허리를 굽히며 얼굴 오른쪽에 가있는 손을 오른쪽 발등의 바깥쪽을 내리누르면서 숨을 내쉰다.

❹ 숨멈춤 발등의 바깥 바닥에 손이 닿은 상태에서 잠시 숨을 멈춘다.

❺ 흡~ 허리를 펴며 ❶과는 반대방향으로 손을 오른쪽 얼굴 위에서 왼쪽 위로 돌리면서 숨을 들이쉰다.

❻ 숨멈춤 깍지 낀 손이 최대한 왼쪽 얼굴 위로 갔을 때 잠시 숨을 멈춘다.

❼ 호~ 허리를 굽히며 얼굴 왼쪽에 가 있는손으로 왼쪽 발등의 바깥쪽을 내리누르면서 숨을 내쉰다.

❽ 숨멈춤 발등의 바깥쪽에 손이 닿은 상태에서 잠시 숨을 멈춘다.

이런 동작을 5차례 반복한다.

❾ **효능** 독맥으로 올라가는 기운을 활성화 한다. 간과 위를 튼튼하게 한다.

5 - 犀牛望月 무소가 보름달을 바라보다

두 다리는 여전히 벌린 형태로 둔다. 왼손을 펼쳐서 하늘을 향해 들고 눈은 왼손의 손가락 끝을 바라본다.

❶ **흡**~ 왼손바닥을 마치 보름달이 하늘을 운행하듯이 공중에서 회전하면서 숨을 들이 쉰다. 이때 눈은 왼손의 끝을 바라본다.

❷ **호**~ 숨을 내쉬며 하는 동작이다. 왼손의 손목을 꺾어서 손끝이 오른발의 안쪽 복숭아뼈로 가게 아래로 내리 누른다. 동시에 오른손을 하늘로 올리면서 눈은 오른손을 바라본다. 눈으로 왼손바닥을 바라보다가 오른손이 떠오르면 목을 뒤로 돌려서 등 뒤에 있는 오른손을 보는 것이다.

❸ **흡**~ 숨을 들이쉬면서 하는 동작이다. 눈길은 계속 오른손 손끝을 바라보면서 허리를 편다. 허리를 편 상태에서 오른손바닥을 마치 보름달이 하늘을 운행하듯이 공중에서 회전하면서 왼쪽으로 옮긴다.

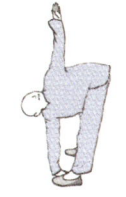

❹ **호**~ 숨을 내쉬며 하는 동작이다. 오른손의 손목을 꺾어서 왼쪽 발의 안쪽 복숭아뼈에 닿도록 내리 누른다. 동시에 왼손을 하늘로 올리면서 눈은 왼손의 손가락 끝을 바라본다. 눈으로 오른손 손가락 끝을 바라보다가 왼손이 떠오르면 왼손을 보는 것이다.

이 동작을 5차례 반복한다.

❺ **요점** 둔부를 원형으로 굽히되 두 다리는 굽히지 않는다.

❻ **효능** 흡 하면서 공중에서 원을 그릴 때는 등뼈와 독맥이 풀리고, 호 하면서 보름달을 볼 때는 목뼈와 간뇌를 풀어줌으로써 몸의 좌우균형을 유지함은 물론이고 모든 신체가 활성화 된다.

6 - 荷花搖擺 연꽃이 흔들리다

다리를 모으고 곧추 서서 두 팔을 아래로 드리웠다가 좌우로 둔부를 회전하되, 머리를 비롯한 상체는 움직이지 않으며, 마치 연꽃이 바람에 흔들리는 형상을 이루는 것이다. 이때 앞뒤 보다는 좌우로의 움직임을 크게 한다.

❶ 시계방향으로 회전하되 호흡을 자연스럽게 한다. 일곱 가지 동작에서 이 동작만 호흡을 자연스럽게 하고 다른 동작들은 다 동작에 따라 호흡을 한다.

❷ 일반적으로 시계방향으로 15회 돌린 다음 반대방향으로 10회 돌린다. 시계방향으로 돌리는 것은 우주의 에너지를 흡수하기 위한 것이고, 반대방향으로 돌리는 것은 에너지를 방출하기 위한 것이다.

그러므로 몸이 허약한 사람은 주로 시계방향으로 많이 돌려야 하며, 몸이 건강한 사람, 즉 성性 에너지가 넘쳐서 고통을 받는 사람들은 반대방향으로 돌린다.

❸ 두 손을 자연스레 아래로 드리우며, 주로 둔부를 돌리고 어깨는 될 수 있는 대로 적게 돌려야 한다. 시계방향으로 먼저 돌린 뒤에 반대방향으로 돌린다. 몸은 곧게 서고, 돌릴 적에는 세게 돌리지 말고 연꽃이 바람에 흔들리 듯 해야 한다.

❹ **요점** 배를 앞으로 내밀지 않는다. 손을 아래로 자연스럽게 드리운다. 두 손으로

허리춤을 잡아도 되고, 뒷짐을 져도 된다.

❺ **효능** 몸에 있는 가스를 트림이나 방귀를 통해서 배출시킴으로써, 몸의 기능을 정상적으로 돌려준다. 시계방향으로 돌리면 정력이 보강된다. 반대방향으로 돌리면 기운이 평형을 찾는다.

7 – 立地沖天 땅에 서서 머리를 충격해 자극하다

발끝을 세웠다가 힘차게 내리 딛어 온몸을 진동시키는 방법이다.

❶ **흡~** 두 발을 한데 모으고, 발끝을 세울 때 숨을 들이쉰다. 이때 목을 움츠리되 턱을 당기면 안 된다. 즉 첫 번째 동작인 '관음이 성인을 청하다'에서는 턱을 당기지만, 여기서는 턱을 당기는 것이 아니라 목을 움츠리는 것이다. 또 팔은 자연스럽게 내려뜨리되, 손목을 뒤로 꺾으며 움츠린다. 이 동작은 몸은 곧추세우되 전신을 움츠린다는 생각으로 긴장시키는 것이 요점이다.

❷ **호~** 발뒤축으로 땅을 구르면서 숨을 내쉬되, 발뒤축으로 땅을 세게 굴러 진동력을 느껴야만 효과가 좋다. 이때 움츠렸던 목과 손목을 동시에 이완하면서 온몸으로 땅을 구르는 진동을 느끼는 것이다. 긴장과 이완을 번갈아 하되, 이완한 상태에서 충격을 느낌으로써 전신에 맺혔던 기혈이 원활히 돌아가도록 하는 것이다.

❸ **요점** 몸 전체는 수직선이 되고 어깨는 높이 솟으면 솟을수록 좋다. 발 뒤축을 세차게 굴러서 몸 전체 특히 머리가 울리도록 한다.

❹ **효능** 발 뒤축을 구를 때 머리가 울리면서 정수리가 열리고 몸 전체로 기운이 통한다. 머릿속에 뭉쳐있던 피를 원활하게 풀어준다.

3. 常见问题

① 一天之中有什么时间段是不适合练习动功的吗，譬如晚上？

答：吃饱饭后不适合练，其它时间不限。

② 练动功的最佳时间是什么时候？

答：早晨和傍晚。

③ 为什么我练动功，身体越练越痛呢？

答：有时候痛也许是件好事，可能是体内的暗疾在往外散发，也可能是练得太猛了，伤到了筋。练动功的时候动作不要太快太猛，尤其刚开始练的时候，幅度不要太大，身体有一个适应的过程。如果幅度太大，练得过猛，扭到筋，会痛几个月。

④ 我练动功一个月了，每次都是跟着视频练，练完之后都是大汗淋漓，有乏力感，请问这样正常吗？

答：一切正常。

3. 자주 묻는 질문

1. 하루 중 동화선동공을 연습하는데 적합하지 않은 시간대가 있나요, 예를 들어 저녁 시간?
   → 식사 후에는 연습이 적합하지 않다. 그 외의 시간에는 제한이 없다.

2. 동공 연습의 최적 시간은 언제인가요?
   → 아침과 저녁이 최적이다.

3. 동작 연습을 하면 몸이 점점 더 아플까요?
   → 가끔 통증은 좋은 신호일 수 있다. 이는 몸 안에 있는 잠재적 질병이 밖으로 배출되고 있거나, 연습을 너무 강하게 해서 근육이 상했을 수도 있다. 동작을 너무 빠르고 강하게 하면 특히 처음 연습할 때는 몸이 적응하는 과정에서 통증이 발생할 수 있다. 만약 쓰지 않던 근육을 많이 쓰거나 연습이 너무 강하면, 근육이 부상을 입어 몇 달간 아플 수 있다.

4. 동공 연습을 한 지 한 달이 되었고, 매번 비디오를 따라 하면서 연습 후에는 땀을 많이 흘리고 피로감을 느끼는데, 이런 게 정상인가요?
   → 모두 정상이다.

⑤ 练完动功时头部有些不适,是什么原因呢?

答:长期练下去就好。

⑥ 练习第一节"观音请圣"时,容易头晕,这是为什么呢?

答:没有问题,不过要找一个空旷的地方练。

⑦ 动功能拆开练吗?我的时间不太充裕,想利用碎片化的时间练习,比如有空的时候就练两个动作。

答:拆开练可以松松筋骨,但效果不好,若能整套练习更好。

⑧ 练习动功有什么禁忌吗?

答:没有禁忌。最好是空腹练。

⑨ 女性在生理期间可以练吗?

答:生理期可以少练一点。

⑩ 练动功有什么关键点吗?

答:练动功的关键是身心要放松,摒除杂念,专注于动作、呼吸和观想,动作一定要配合呼吸和观想。而且动作

5. 동작 연습 후 머리가 불편한 경우, 원인은 무엇인가요?

    → 장기간 연습을 계속하면 개선된다.

6. 첫 번째 동작인 '관음청성'을 연습할 때 머리가 혼탁하고 쉽게 어지러워지는 이유는 무엇인가요?

    → 문제는 없지만, 넓고 공기 좋은 곳에서 연습하는 것이 좋다.

7. 동작 연습을 나눠서 할 수 있나요? 시간이 부족해서 쪼개진 시간에 연습하고 싶은데, 예를 들어 여유가 있을 때 두 동작씩 연습해도 되나요?

    → 나눠서 연습하면 근육을 풀 수는 있지만, 효과가 떨어진다. 전체 세트를 한 번에 연습하는 것이 더 좋다.

8. 동작 연습에 금기사항이 있나요?

    → 금기 사항은 없다. 가장 좋은 것은 공복 상태에서 연습하는 것이다.

9. 여성은 생리 기간 동안 연습해도 되나요?

    → 생리 기간에는 조금만 연습하는 것이 좋다.

10. 동작 연습의 핵심 포인트는 무엇인가요?

    → 동작 연습의 핵심은 몸과 마음을 이완하고 잡생각을 없애며, 동작, 호흡, 관상에 집중하는 것이다. 동작은 반드시 호흡과 관상에 맞춰야 하며, 각 동작을 정확하고 제대로 수행해야 한다. 그렇

一定要做标准、做到位，否则与做广播体操无异。

⑪ 有强直性脊柱炎、腰椎间盘突出等疾病，可以练动功吗？

答：有这些毛病可以根据自己的情况适当地练，最好是先把病治好再练。

⑫ 有位师父练动功时"扑通"一声倒在地上，心脏"怦怦"直跳，那是因为体质太虚吗？

答：不一定是因为体质虚，这套动功本身很有力量，当你的身体承受不了这股力量时就会反弹。有的人练"观音请圣"就被弹出几米远！人的身体就像一个电容器，有的承受的电压小，当跟宇宙的力量衔接上时，这股力量灌到体内，身体承受不了就会被弹出几米远。为什么有这种现象和感受呢？因为他捕捉到了这股力量。

⑬ 练动功或打坐念"嗡、嘎、吽"时，感觉到气在体内转，不做这些的时候，气在体内转的感觉就比较弱，这说明什么呢？

答：这是一种正常的感觉，说明你身体的底子不是很充实，精力不够充沛。念"三字明"是为了和宇宙能量衔接。练动功是为了疏通经络，让身体的精力更充沛。刚开

지 않으면 일반체조와 다를 바 없다.

11. 강직성 척추염, 요추간판 탈출증 등의 질병이 있는 경우, 동작 연습을 해도 되나요?

→ 이런 질병이 있는 경우, 자신의 상태에 맞게 적절히 연습할 수 있다. 그러나 우선 병을 치료한 후에 연습하는 것이 가장 좋다.

12. 어떤 스님이 동작 연습 중 '쿵'소리를 내며 넘어졌고, 심장이 '쿵쿵' 뛰었다는데, 이는 체질이 너무 허약해서 그런 건가요?

→ 체질이 허약해서 그런 것만은 아니다. 이 동작은 본래 강한 힘이 있으며, 몸이 이 힘을 감당하지 못할 때 반동이 발생할 수 있다. 어떤 사람은 '관음 청성'을 연습할 때 몇 미터 떨어진 곳까지 튕겨 나가기도 한다. 사람의 몸은 마치 전기 콘덴서와 같다. 어떤 사람은 전압을 많이 감당할 수 없기 때문에, 우주 에너지와 연결될 때 그 힘이 몸에 전달되어 감당할 수 없어서 튕겨 나가는 것이다. 이러한 현상과 느낌은 그 힘을 포착했기 때문이다.

13. 동작 연습이나 명상 중 '옴, 가, 훙'을 염송할 때 몸 안에서 기가 돌고, 이러한 상태가 아닐 때는 기의 감각이 약해지는데, 이것은 무엇을 의미하나요?

→ 이는 정상적인 느낌으로, 몸의 기초가 충분히 쌓이지 않았거나 에너지가 부족함을 나타낸다. '삼자명'을 염송하는 것은 우주 에너지와 연결하기 위한 것이고, 동공의 동작을 연습하는 것은 경

始修炼的时候，动的时间应该多于静的时间，只有动的时候才能把生理的机能激活。当生理的机能激活之后，就要静多动少。当到了第三阶段，动就是静，静就是动，动与静是同时的，动中有静，静中有动。

⑭　静坐的时候感觉后背的骨头、颈椎、腰椎发紧。如果去运动，比如跳跳舞，练练瑜伽，然后再静坐，就会觉得身体很放松，可以帮助自己静心。是不是在修炼的过程中要动静结合比较好，而不是像有些老禅和子那样成天打坐，只静不动？

答：对。达摩祖师正是因为看到了这个弊端，所以创立了"达摩易筋经"和"洗髓经"两种功法，让修行人动静结合。按照宇宙的法则，白天有几个小时，黑夜就有几个小时。同理，人动几个小时，就要静几个小时，动静要成比例。可是现在长期住禅堂的出家人，动的时间连静的十分之一都没有，都是在静中求静，所以越坐身体越差。

因此锻炼身体非常重要。《黄帝内经》讲："筋长一寸，寿延十年。"若明白这个道理，一个八十岁的老人，其身体的柔韧度也可以练得跟青少年一样，筋不会收缩，因为身体的精气神很充足，可以滋养筋骨。所以严格来讲，动功早晚要各练一遍，一遍二十分钟。动完之后再去静坐，静坐的效果会更好。

락을 뚫어서 몸의 에너지를 충만하게 하려는 목적이 있다.

처음에는 동공을 많이 하고 정적인 좌선시간을 적게 하여 생리적 기능을 활성화해야 한다. 생리적 기능이 활성화된 후에는, 좌선시간을 늘리고 동공을 하는 시간을 줄이는 것이 좋다. 세 번째 단계에 이르면, 동작과 정적이 동시에 존재하며, 동작 중에도 정적이 있고 정적 중에도 동작이 있다.

14. 정좌할 때 등뼈, 경추, 요추가 긴장되는데, 동공을 하거나 요가를 한 후에 정좌하면 몸이 편안해지며 집중이 잘 됩니다. 동공과 정공을 함께하면 좋은가요? 일부 오래된 참선자들처럼 하루 종일 앉아서 좌선만 하고, 움직이지 않는 것보다 나은가요?

→ 맞다. 달마조사는 이러한 단점을 보고 『달마 역근경』과 『달마 세수경』의 두 가지 방법을 창안해서 동과 정을 결합하도록 했다. 우주의 법칙에 따라 낮과 밤이 균형을 이루듯이, 사람도 동적인 시간과 정적인 시간이 비례해야 한다. 현재 장기간 선방에 머무는 출가자들은, 동적인 시간이 정적인 시간의 10분의 1도 안 되며, 정적인 것만 추구하기 때문에 오히려 몸 상태가 나빠질 수 있다.

따라서 몸을 단련하는 것은 매우 중요하다. 『황제내경』에는 "근육이 한 치 늘어나면 수명이 10년 늘어난다."고 하였다. 이 원리를 이해하면, 80세 노인도 젊은이처럼 몸의 유연성을 기를 수 있으며, 근육이 수축하지 않고, 몸의 정기와 신이 충분하여 근골을 보양할 수 있다. 그러므로 엄밀히 말하면, 동작은 아침과 저녁에 각각 20분씩 연습하고, 동작 후에 좌선을 하면 효과가 더욱 좋아진다.

중국 동화사의 전경

양정당에서 동화선에 대해서 법문하시는 만행큰스님